國中國文教學評量

鄭圓鈴 著

總序

　　近年來，教育當局在國文教材上作了最大改變的，算是廢除國立編譯館的唯一標準本，而開放為各具特色的「一綱多本」。為了適應這種巨大改變，做人老師的，不僅要調整教法，也要改進評量，尤其是面對學生的升學，更需要兼顧各本教材，取長補短，作一番統整的工夫，以免顧此失彼。

　　要統整「一綱多本」的教材，靠的不是課文的多寡，而是「能力」。這個「能力」，就其主要者而言，除關涉文章之義旨（主旨的顯隱、安置與材料的使用）外，還涵蓋了語法之剖析（文法）、字句之鍛鍊（修辭）、篇章之修飾（章法）、文章之體性（風格）及作文（傳統式作文與限制性寫作）、課外閱讀等。而其中的任何一種「能力」，都可以用不同的教材予以培養；換句話說，這種「能力」，是能夠拿任何一篇、一段、一節（句群）的課外文章來進行評量的。這樣，教師就可以將任何一課「課文」當作「手段」來看待，所謂「得魚而忘筌」（《莊子‧外物》），而「課文」就是這個「筌」、「能力」就是那個「魚」了。

　　以上各種「能力」，是完全配合辭章學的內容的。而所謂辭章學，乃結合「形象思維」與「邏輯思維」所形成。一般說來，這兩種思維，各有所主：如果是將一篇辭章所要表達之「情」或「理」，訴諸各種偏於主觀之聯想，和所選取之「景（物）」或

「事」接合在一起，或者是專就個別之「情」、「理」、「景」（物）、「事」等材料本身設計其表現技巧的，皆屬「形象思維」；這涉及了「立意」、「取材」與「措詞」等問題，而主要以此為研究對象的，就是詞彙學、意象學與修辭學等。如果是專就「景（物）」或「事」等各種材料，對應於自然規律，結合「情」與「理」，訴諸偏於客觀之聯想，按秩序、變化、聯貫與統一之原則，前後加以安排、佈置，以成條理的，皆屬「邏輯思維」；這涉及了「運材」、「佈局」與「構詞」等問題，而主要以此為研究對象的，就字句言，即文（語）法學；就篇章言，就是章法學。至於合「形象思維」與「邏輯思維」而為一，探討其整個體性的，則為主題學、文體學、風格學等。而以此整體或個別為對象加以研究的，則統稱為辭章學或文章學。所以由此提煉出各種「能力」，是最為基本、直接而周遍的。

有鑑於此，早在民國八十九年的暑假，便為了替高中「一綱多本」國文教材編一套以「能力」為本位的書，提供高中教師作教學之參考，曾邀集了一組專家學者、高中教師共同來參與這個工作，並且商定這套書的總名為「高中一綱多本國文教材點線面系列」，而內含八本，由不同的人來撰寫，且已依序出版，受到許多高中教師的肯定。因此這次又邀集了一組專家學者、教師共同來編「國中一綱多本國文教材點線面系列」的六本書。這六本書的性類與負責者，依序是：

一、國中國文義旨教學：由陳佳君老師（博士生、小學教師）負責。

二、國中國文文法教學：由楊如雪副教授（台灣師大國文系）負責。

三、國中國文修辭教學：由張春榮教授（國立台北師院語教系）負責。

四、國中國文章法教學：由仇小屏助理教授（國立成大中文系）負責。

五、國中國文現代文學教學：由潘麗珠教授（台灣師大國文系）負責。

六、國中國文教學評量：由鄭圓鈴副教授（台灣科大共同科）負責。

這六本書，都兼顧理論與實際，除了安排「總論」加以介紹外，均分別舉一些「一綱多本」重要課文的實例，輔以各種活動，作充分說明，務求凸顯各種「能力」，使讀者一目了然。如此以「能力」為本位，從各角度來統整各本教材，相信對國中的國文教師的教學與學生的學習而言，是會有極大助益的。

看到在大家的努力下，這六本書終於將陸續出版，和讀者見面，感激之餘，特地將本套書撰寫的用意與過程，作一概述，聊以表達慶賀的意思。

民國九十二年十二月十二日

陳滿銘序於台灣師大國文系835研究室

自序

　　國中基本學力測驗已經實行三年，基測與傳統聯考最大的差別有兩點：一、建立題庫取代傳統的入闈命題。二、強調以能力取代記憶。建立題庫與傳統入闈命題最大的差別為：題庫試題需經過預試，並據以建立難易度與鑑別度的數據，組題時依據這些客觀數據，將每份試題的難易度與鑑別度控制在固定比例的範圍，避免傳統入闈命題無從掌握試題難易度與鑑別度的缺失。而以能力取代記憶，則是近年來教改的重要主題，希望透過大型升學考試，試題命題技巧的改進與評量能力層次的強調，引導教學活動由傳統的知識記憶轉為能力培養。然而國語文的具體能力是什麼？如何培養這些能力？卻成為目前國中老師普遍的焦慮。因為大家強烈的感受到升學考試的試題宛如脫韁之馬，海闊天空，卻找不到可以施力的教學重點。國文如果還依照傳統授課方式以教材課文為單元，每篇文章都巨細靡遺，處理所有的文法、修辭、解釋、翻譯、文體、文化常識、寫作技巧等知識，再藉由參考書、測驗卷的反覆習作，加強學生記憶；那麼不僅老師與學生將疲於奔命，更糟的是，將來會有愈來愈多的學生質疑如此教法是否有效？為什麼寫了一堆參考書，應考時卻沒什麼用處？寫參考書的好處是藉由反覆練習，強迫學生熟悉課本範圍內的重要觀念，但國文的重要觀念並無科學化的客觀指標，而國文的範圍又

無邊無際，因此學生即使熟讀課本教材，也不能保證對出現在基測試題上的新題材，具有充分理解、應用、分析的能力。而為落實一綱多本的教育政策，以課外選文為試題題材將是基測未來的命題趨勢，那麼學生如果只對某出版社的教材反覆練習，並不能保證他面對新題材時，能具有相同的熟悉度。因此分析基測所評量的能力，並依據各個能力所含括的試題內容，擬定基測重視的教學重點（目標），將是使國文重要觀念客觀化的第一步。

　　了解基測所評量的能力及各個能力的教學重點後，老師可以將教學依能力層次分成知識、理解、應用、分析四個單元，再根據每個單元的重點，將教材或課外題材資料，納入教學活動中。例如記憶能力，基測共評量字形、字音、成語涵義三部份。字形的重點為形近字與同音字的辨識，老師在教學時，即可蒐集常見且字形易混淆的同音字與形近字，讓學生加強練習，而不需讓學生練習教材出現的冷僻生字。再如理解能力，基測評量詞義、句義、段義四部份，但不強調涵義的記憶，而是對詞義、句義、段義的靈活理解，甚至是觀念的統整、歸納，因此老師應讓學生多讀課外書，提昇學生對各類詞義、句義與段義的理解能力，而不是機械的記憶課文注釋或翻譯，因為從這些注釋、翻譯出題的機率幾乎是零（即使詞語、句子、段落出自教材，也會以靈活的方式提問）。因此老師在教學時，只要掌握基測所評量的能力及各個能力的評量重點，選擇豐富多樣的題材讓學生多做練習，那麼不僅能幫助學生準備基測，更重要的是讓學生藉由各個能力單元的學習，讓國文的學習變得更有系統，更有效率。

　　筆者基於上述理想，嘗試從分析基測試題中，建立一套新的國文教學架構－先將國文的能力分記憶、理解、應用、分析四單

元，再依序建立各單元的教學重點。每個教學重點皆先附上歷屆
基測試題，方便老師從中體會基測的趨勢與重點，做為選擇教材
的依據；其次附上自己動手做的模擬試題，方便老師練習自行命
題，並將其他大型考試的多元題型，附列其中，提醒老師這些新
題型可能是未來基測出題的方向，應未雨綢繆，預作準備。此外
在每個教學重點的基測試題後面，會附上簡要的說明，說明此類
試題的評量重點及題型特色。

但願此書能藉由基測試題分析，幫助老師一窺基測試題的命
題理念，掌握教學重點，進而建立國文教學以能力統整教材的新
視野，讓國文的教學不再充滿惶恐與無奈。

目錄

第三章

應用能力評量

第四章

分析能力評量

記憶能力評量

　　所謂記憶是指經由認知或回憶歷程，產生對觀念、資料的記憶行為。學習後，我們期望學生的回憶行為，與當初學習時我們期望他們的應有行為，非常一致。在國語文教學當中，記憶的範圍包括指出字詞正確的形、音、義，但詞義的判斷如須加入不同語境的選擇，則詞義往往被歸為理解的判斷，因此詞義的記憶能力部分，只限制在成語涵義的記憶，因為它約定俗成，意義成分較固定。

　　國中基本學力測驗對國文科記憶能力的要求為：

壹、指出正確字形

　　一、指出正確字形

　　二、選擇形近字的正確字形

貳、指出正確讀音

　　一、指出正確讀音

　　二、選擇形近字的正確讀音

　　三、選擇一字多音的正確讀音

參、指出正確成語涵義

　　一、指出正確成語涵義

　　二、選擇成語涵義正確關係

基測評量對以上三種能力的配題大致為字形的2題，讀音1題，成語涵義1題。老師可依此比配，參照下文列舉的試題題型，靈活運用。

第一節
指出正確字形

一、指出正確字形

甲、基測試題

題型一

1.下列詞語，何者用字完全正確？（901）
　(A)並駕齊驅＊
　(B)因循殆惰
　(C)水乳交溶
　(D)天崩地烈

題型二

1.下列文句，何者用字完全正確？（902）
　(A)等到日上三竿，市聲頂沸時，我再也沒有散步的閒情逸志了
　(B)暴風雨來襲，雷電交加，氣勢萬鈞的威力，使眾生為之震儸＊
　(C)童年所經歷的鎖事雖然細碎，卻深深地影響著我們的個性
　(D)歲月摧人啊！曾幾何時，我驕憨的小女兒已經婷婷玉立了

2.下列文句，何者用字完全正確？（911）

(A)凡事箭及履及，即知即行，才易成功

(B)做任何事，均應堅持到底，貫徹始終＊

(C)一個人若沒有智慧，又如何明辦是非

(D)不要怕困難，那是生命中最好的粹鍊

3.下列文句，何者用字完全正確？（912）

(A)誘人的美食廣告，總是讓人味口大開

(B)一張名信片，捎來了遠方友人的問候

(C)由於同學們的群策群力，我們終於打贏了這場球賽

(D)逢年過節時，機場大廳內常擠滿了候補機位的人潮＊

4.下列文句，何者用字完全正確？（921）

(A)年輕人奮發向上，才能成為國家的中流柢柱

(B)多虧揚法醫明察秋毫，才能將兇手繩之以法

(C)阿海玩日愒歲，偷雞取巧，視讀書為苦差事

(D)飢腸轆轆的老虎躲在樹叢中，伺機樓人而時＊

【說明】

此單元是評量學生對正確字形的辨識能力。

題型一　為成語正確字形的辨識，多為形近字或同音字。

題型二　為句子正確字形的辨識，多為形近字或同音字，此
　　　　為基測常見題型應特別注意。

乙、自己動手做

題型一

1. 下列成語，何者有<u>錯別字</u>？
  (A)唾面自乾
  (B)結草銜環
  (C)倖災樂禍＊
  (D)捉襟見肘

2. 下列成語「」的字，何者<u>不正確</u>？
  (A)一見「鍾」情
  (B)三餐不「繼」
  (C)金榜「提」名＊
  (D)追根究「柢」

3. 下列語詞，何者字形完全正確？
  (A)蒼海一粟
  (B)市聲頂沸
  (C)鞭辟入理
  (D)盤根錯節＊

題型二

1. 下列選項何者<u>沒有</u>錯別字？
  (A)我不想對你戀戀不舍，為何卻又輾轉反側

(B)我的唇角嚐到一種苦瑟，我是真的為你哭了

(C)你幽然自得，我卻束手無策，我的心痛竟是你的快樂

(D)天是灰的，心是藍色，觸摸著你的心，竟是透明的＊

2. 下列文句，何者<u>沒有</u>錯別字？

(A)面對鎖碎的事務，要懂得以簡馭繁

(B)我國少棒選手在國際比賽中捷報蘋傳，令人興奮

(C)班上的同學會，他經常缺席，已經被列入緊急通輯名單

(D)峇里島爆炸事件，是今年最令人震撼的新聞＊

3. 下列文句，何者<u>沒有</u>錯別字？

(A)凡事全力以付之後，我們將贏得自尊與自信

(B)在眾人面前，他總是從容自在，侃侃而談＊

(C)臺北街頭，車輛穿流不息，交通十分擁擠

(D)徬徨岐路的青少年，需要我們負出關懷與協助

題型三

1. 閱讀下文，並判斷那些字<u>寫錯</u>了？

> 新的一年希望能腳踏實地，從新開始。不可剛愎自用，我行我素；也不可以高彈闊論，強詞奪理，既不能搬門弄斧，也無須越俎代庖。

(A)從／搬／斧

(B)愎／彈／俎

(C)從／彈／搬＊

(D)理／斧／俎

【說明】

題型三　為段落正確字形的辨識，基測試題目前尚未出現，
但可多加注意。

二、選擇形近字的正確字形

甲、基測試題

題型一

1.青春年少時，終日流連電動玩具間，只圖玩樂，不知與同儕
切「磋」進取；而今鬢髮霜白，臨事僅能「嗟」揉著雙手，苦
　　甲
無良計可施，徒自「蹉」歎年華已「搓」跎！
　　　　　丙　　　　　　　丁

上述短文畫線部分「」中填的字，何者正確？（901）
(A)甲＊　(B)乙　(C)丙　(D)丁

題型二

1.下列選項「」中的字，何者字形正確？（902）
　(A)神態和「靄」　　(B)暮「藹」沉沉
　(C)「偈」見長官　　(D)筋疲力「竭」＊

2.「早晨，我容光□發的上學去。在路上遇到一位老人，精神

□散的跌坐路旁，立刻上前攙扶。」上文空格中依序應填入什麼字？（911）

(A)煥、渙*

(B)渙、煥

(C)煥、瘓

(D)渙、瘓

題型三

1. 下列文句，何者用字完全正確？（922）

(A)多年後再見面，他已經是白髮倉倉的老人，令我有蒼海桑田、蒼狗白雲之感

(B)在這個人芸亦芸的年代，想在云云眾生中尋找一名有自己見解的人並不容易

(C)放假不一定要出國，到發人思古悠情的名勝古蹟走走，也能過個幽閒的假期

(D)我能證明，這樣做會對他造成揠苗助長的結果，你們就偃旗息鼓，別再爭了*

【說明】

此單元是評量學生對形近字正確字形的辨識能力。

題型一　為段落形近字的判斷。

題型二　為成語形近字的判斷。

題型三　為句子形近字的判斷。此為字形的教學重點，應特別注意。

乙、自己動手做

題型一

1. 閱讀下文，並推斷「」的字形何者正確？

　　在工作閒「瑕」之餘，她喜歡坐在湖邊，對著漫天的晚「遐」，海闊天空的「暇」想，「假」想自己是一位擅長英式水彩的畫家。

(A)瑕

(B)遐

(C)暇

(D)假＊

2. 閱讀下文，並推斷「」的字形何者<u>不正確</u>？

　　為實「賤」考試前在「淺」水灣許下的諾言，明芳不惜「踐」賣筆記型電腦，籌錢購買蜜「餞」果脯請全校同學共享。

(A)賤 ＊

(B)淺

(C)踐

(D)餞

3. 閱讀下文，並依序為「」選擇正確的字形？

　　陳先生為人清廉，急公好義又毫無官□氣習；生活雖然清苦，卻能甘之如飴。這種風範，放眼當今社會，真是□□無幾

(A)潦／廖廖

(B)潦／寥寥

(C)僚／寥寥＊

(D)僚／廖廖

4.閱讀下文，並依序為□選擇恰當的字。

　　最近因工作□忙，諸事不順，小王的脾氣變得十分暴□。

(A)繁／燥

(B)繁／躁＊

(C)煩／燥

(D)煩／躁

題型二

1.下列選項「　」中的字，何者字形不正確？

　(A)渾身是「勁」

　(B)羊腸小「徑」

　(C)大相「逕」庭

　(D)全身「剄」攣＊

2.下列選項「　」中的字，何者字形正確？

　(A)「籌」措資金＊

　(B)綠野平「濤」

　(C)「儔」踏不前

　(D)「躊」成大錯

題型三

1. 下列文句，何者用字完全正確？

(A)她戰戰兢兢的熬夜準備，想在這次的數學赧試中大顯身手

(B)候鳥離開台灣飛回西伯利亞後，它們的淒息地在寒風的吹襲下更顯得棲涼

(C)輿論交相遣責這次譴返大陸漁民的作業有嚴重的瑕疵

(D)樵夫守在樹下等待兔子再次出現，日子一天天過去，他的神情愈來愈憔悴＊

三、選擇同音字的正確字形

甲、基測題型

未見

【說明】

此單元是評量學生判斷同音異形字的能力，基測目前尚未設計相關試題，但同音字的辨識為認識正確字形的教學重點，應特別注意。

乙、自己動手做

題型一

1. 下列各組「」中的字形，何者兩兩相同？
   (A)請「ㄨㄟ」吸煙／好逸「ㄨㄟ」勞
   (B)舉「ㄑㄧˊ」不定／「ㄑㄧˊ」開得勝
   (C)匪「ㄧˊ」所思／蠻「ㄧˊ」之邦＊
   (D)地大物「ㄅㄛˊ」／激烈「ㄅㄛˊ」鬥

2. 下列字音寫成國字後，何者兩兩相同？
   (A)ㄍㄨㄢ念清晰／ㄍㄨㄢ鍵時刻
   (B)ㄌㄠˊ騷滿腹／身陷ㄌㄠˊ籠＊
   (C)功成名ㄐㄧㄡˋ／追ㄐㄧㄡˋ到底
   (D)ㄓˋ理名言／專心ㄓˋ志

3. 下列各組字音，寫成國字後，何者兩兩相同？
   (A)見面寒「ㄒㄩㄢ」／大聲「ㄒㄩㄢ」嘩＊
   (B)精神抖「ㄙㄡˇ」／萬惡淵「ㄙㄡˇ」
   (C)回「ㄎㄨㄟˋ」社會／功虧一「ㄎㄨㄟˋ」
   (D)劍及「ㄌㄩˇ」及／「ㄌㄩˇ」行義務

4. 下列成語□內的字，依序應填入何者較正確？
   □強附會／事過境□／順手□羊／見異思□
   (A)牽／遷／牽／遷 ＊

(B)牽／牽／遷／遷

(C)遷／遷／牽／牽

(D)遷／遷／遷／牽

題型二

1.下列文句何者沒有錯別字？

(A)小明克苦練習，終於刻服心理障礙，一舉跳過一米二十的高度

(B)媒體灌於在收視率上慣水，用以吸引觀眾的注意

(C)連月酷熱，翡翠水庫的水豪無進帳，大家都寄望颱風能帶來毫雨，一解旱象

(D)他糊裡糊塗的將一壺廢油倒入池塘，引起鄉人的公憤*

題型三

1.閱讀下文，並依序為注音符號選擇恰當的字形？

　　小籠包抱著尸ㄟ死如歸的決心對泡麵說：「別以為你燙了頭髮，我就不認識你！我與你尸ㄟ不兩立！」泡麵也不甘尸ㄟ弱地說：「你若這麼愛惹尸ㄟ生非，我就奉陪到底！」

(A)誓／勢／勢／是

(B)視／誓／示／是*

(C)視／示／勢／事

(D)誓／誓／勢／事

【說明】

題型一　為成語同音字的判斷。

題型二　為文句同音異形字的判斷。

題型三　為段落同音異形字的判斷。

第二節

指出正確讀音

一、指出正確讀音

甲、基測試題

題型一

1. 以下是甲、乙兩人的對話，（　）內的注音，哪一選項完全正確？（912）

　(A)甲：姐弟戀該受到社會的撻（ㄊㄚˋ）伐和抨（ㄆㄥˊ）擊嗎

　(B)乙：那是個人的選擇，無關道德，我不會因此揶揄（一ㄝˊ ㄩˊ）他們＊

　(C)甲：哼！媒體就愛揭（ㄐ一ㄢ）發這類緋（ㄈㄟˇ）聞，加以炒作

(D)乙：嘿！不要以偏概全，媒體也不乏動中（ㄓㄨㄥˋ）事理，鏗（ㄎㄣ）鏘有力的報導啊

【說明】

此單元是評量學生辨識正確讀音的能力。由於讀音易受語言影響，變異頻繁，所以何謂正確讀音常易滋生爭議。基測試題的讀音辨識份量不大，對爭議讀音也會注意避開，所以評量讀音應選擇常見易讀錯且無爭議的讀音。

題型一　為句子語詞正確讀音的辨識。

乙、自己動手做

題型一

1. 下列文句「」的讀音何者正確？

　(A)小華醉人的笑「靨」（一ㄢˋ），真可比美「絢」（ㄒㄩㄣˋ）麗的晚霞

　(B)漫畫書「坊」（ㄈㄤ）的漫畫，因為翻閱頻繁，封面的顏色全「褪」（ㄊㄨㄣˋ）了*

　(C)士林夜市入夜後燈火「璀」（ㄘㄨㄟ）璨，各式的小吃更令人垂「涎」（一ㄢˊ）三尺

　(D)「輟」（ㄓㄨㄟˋ）學到工廠幫忙家計後，小明仍「憧」（ㄔㄨㄥˊ）憬有朝一日再回學校上課

題型二

1. 下列「 」的讀音，何者正確？
   (A)清水「濯」足／ㄅㄧˊ
   (B)山「巒」青翠／ㄌㄢˊ
   (C)玩歲「愒」時／ㄎㄞˋ*
   (D)「愴」然涕下／ㄘㄤ

【說明】

題型二　為成語正確讀音的辨識，此為讀音的教學重點，應
　　　　多注意。

二、　選擇形近字的正確讀音

甲、基測試題

題型一

1. 下列各組字形相近的字，何者字音相同？（901）
   (A)「朔」氣／「塑」膠
   (B)「延」長／「筵」席*
   (C)創「造」／組「糙」
   (D)「曾」子／「僧」侶

2.下列各組「」中的字，何者字音前後相同？（902）

(A)戰戰「兢兢」／歌唱「競」賽

(B)根深「柢」固／「抵」死不從＊

(C)尖尖鳥「喙」／被鳥「啄」傷

(D)「殊」途同歸／口「誅」筆伐

題型二

1.下列選項「」中的同音字，何者用字完全正確？（902）

(A)在熱「烈」的演唱會中，歌迷撕「裂」了主唱者的外衣＊

(B)「梢」後，月亮出現在樹「稍」上，灑下銀白色的光芒

(C)大家「期」待她能越過敵人的防線，把國「棋」送過來

(D)他「決」心為國捐軀，毅然寫了一封「絕」別書給家人

2.下列文句「」中的字，何者讀音兩兩相同？（921）

(A)他的別墅依山「傍」水，每到「傍」晚十分，風景尤佳

(B)凡事若能未雨綢「繆」，必定可以減少「謬」誤發生

(C)各大媒體皆刊「載」他榮獲首獎，「載」譽歸國的消息＊

(D)在一連串槍林「彈」雨的抨擊中，他終於遭到「彈」劾

【說明】

此單元是評量學生對形近字讀音的判斷能力。一般常因諧聲、偏旁而誤讀該字讀音，此類試題即提醒學生注意此現象。

題型一　為成語或語詞形近字讀音的判斷。

題型二　為句子形近字讀音的判斷。

乙、自己動手做

題型一

1. 下列「 」中的讀音，何者兩兩相同？
   (A)工地坍「塌」／糟「蹋」糧食
   (B)自慚形「穢」／麥「穗」纍纍
   (C)跳「躍」前進／照「耀」大地
   (D)令人「惋」惜／懸「腕」寫字＊

2. 下列各組「 」內的字，何者讀音相同？
   (A)「裨」益／「稗」官野史
   (B)敦「聘」專家／遊目「騁」懷
   (C)形容枯「槁」／「犒」賞三軍
   (D)禮物「菲」薄／中傷「誹」謗＊

題型二

1. 下列各選項「 」內字的字音，何者兩兩相同？
   (A)他的如「椽」大筆，常人那有置「喙」的餘地
   (B)看些「稗」官野史，對於了解典故，一定會有所「裨」益
   (C)做出這種「貽」笑大方的糗事，他居然還一副「怡」然自得
      的模樣＊
   (D)對這些被貶「謫」的官員來說，心情的調「適」實在是一個
      大問題

三、選擇一字多音的正確讀音

甲、基測試題

題型一

1. 下列選項「」中的字，何者讀音相同？（911）
　(A)「禁」不起他苦苦哀求，爸爸終於解除了他「禁」止出門的
　　　命令
　(B)聽到廣「播」不斷「播」放聖誕歌曲，令人感受到寒冬中的
　　　暖意＊
　(C)老闆很欣賞她，常「稱」讚她的工作表現很「稱」職
　(D)「悶」熱的天氣，逼得他只得待在家中彈琴解「悶」

題型二

1. 下列選項中「為」字的讀音，何者與其它三者不同？（912）
　(A)今夫弈之「為」數，小數也；不專心致志，則不得也
　(B)使弈秋誨二人弈，其一人專心致志，惟弈秋之「為」聽
　(C)一人雖聽之，一心以「為」有鴻鵠將到，思援弓繳而射之
　(D)雖與之俱學，弗若之矣。「為」是其智弗若與？非然也＊

【說明】

此單元是評量學生對一字多音正確讀音的判斷能力。

題型一　為評量句子一字多音正確讀音的判斷。

題型二　為判斷一字多音字在不同句子的正確讀音。

乙、自己動手做

題型一

1. 下列「 」中的字音，何者兩兩相同？

(A)他熱心參「與」「與」環保相關的推廣教育

(B)王老闆在店「鋪」前，「鋪」上紅毯，準備開張

(C)假「使」沒有小兵，將軍又有誰可以「使」喚＊

(D)總務因採購貨物品質參「差」，所以丟了「差」使

題型二

1. 下列文句的「差」，何者讀音與其他不同？

(A)差強人意　(B)差別待遇　(C)參差不齊＊　(D)差距不小

題型三

1. 下列各組詞語「 」的讀音，何者與標示的讀音相同？

(A)ㄕㄨˇ／寥寥可「數」＊

(B)ㄏㄥˊ／蠻「橫」無理

(C)ㄌㄧㄤˋ／「量」角器

(D)ㄔㄚ／聽候「差」遣

指出正確成語涵義

一、指出正確成語涵義

甲、基測試題

題型一

1. 下列詞語，何者有「事先須做好防備工作」的意思？（901）
    (A)去蕪存菁
    (B)水落石出
    (C)未雨綢繆＊
    (D)舉一反三

2. 下列何者最適合作為航空公司招攬顧客的廣告標題？（922）
    (A)天涯比鄰＊
    (B)風起雲湧
    (C)咫尺千里
    (D)乘風破浪

【說明】

此單元是評量學生對成語涵義的辨識能力。

題型一　為成語涵義的辨識。題目2不僅評量成語涵義又涉及成語運用，題目設計極為靈活，可多留意。

乙、自己動手做

題型一

1. 如欲形容「模仿別人」不可用哪個成語？
   (A)東施效顰　(B)鸚鵡學舌　(C)依樣畫葫蘆　(D)呼朋引伴＊

2. 下列成語，何者沒有「鑽營」的涵義？
   (A) 鑽頭覓縫　(B)鑽天打洞　(C)鑽營奔競　(D)鑽堅研微＊

二、選擇成語涵義正確關係

甲、基測試題

題型一

1. 下列文句「 」中的成語，哪一組意思相反？（912）
   (A)她是一個「才高八斗」、「滿腹經綸」的學者，著作相當豐富

(B)讀書不是「一蹴可幾」的事，莫存「一步登天」的僥倖念頭

(C)在困厄中能「動心忍性」、愈挫愈勇的人，很少會在稍有成
　就後就「躊躇滿志」

(D)事前準備，做事就不會手忙腳亂、「分身乏術」，而能「好
　整以暇」的面對問題＊

2. 下列各組詞語的關係，何者與其它三者<u>不同</u>？（901）
　(A)粗心大意／小心謹慎
　(B)躊躇滿志／垂頭喪氣
　(C)意氣風發／心灰意冷
　(D)空手而回／一無所獲＊

3.「虛懷若谷」之於「驕矜自滿」，猶如「勇往直前」之於下列
　何者？（922）
　(A)臨機應變
　(B)臨渴掘井
　(C)臨崖勒馬
　(D)臨陣脫逃＊

【說明】

此單元是評量學生判斷成語涵義關係的能力，最常見的是相
似與相反關係的判斷。

題型一　為成語涵義正確關係的判斷，題目3的編製頗具特
　　　　色，可多留意。

乙、自己動手做

1.「別具一格」之於「獨闢蹊徑」，猶如「滿面春風」之於下列何者？

(A)眉飛色舞＊　(B)賞心悅目　(C)國色天香　(D)花好月圓

2. 下列各組成語的意思，何者<u>不是</u>兩兩相同？

(A)更上層樓／精益求精

(B)一以貫之／融會貫通

(C)虛應故事／實而不華＊

(D)環堵蕭然／家徒四壁

理解能力評量

　　所謂理解是指當學生遇到一個訊息溝通時，能了解溝通的內容，並利用它所包含的資料或觀念。理解是學習的重要部份。學生學習理解能力，以便將訊息溝通轉變成對他更具意義的相似形式，甚至能超出訊息溝通所涵蓋的內容。理解一般分為轉譯、解釋、推論三類，在國文教學當中，理解的範圍包括說明正確的詞義、句義、段義及文化常識四部份。

　　國中基本學力測驗對國文理解能力的要求為：

壹、說明正確語詞涵義

　　一、解釋詞義

　　二、區別同義詞

　　三、區別多義詞

　　四、區別虛數詞

　　五、區別虛詞

　　六、區別意義新詞

　　七、區別聲音新詞

貳、說明正確句子涵義

　　一、解釋句子的涵義

　　二、說明句子的觀點

　　三、說明句子的要旨

　　四、說明句子的邏輯

　　五、說明句子的關係

　　六、說明句子的語氣

　　七、歸納句子的主要觀點

參、說明正確段落涵義

　　一、說明段落的標題

二、說明段落的要旨

三、說明段落的內容

四、說明段落的關係

肆、說明正確文化常識

一、推測主要人物

二、推測重要典籍

三、推測重要史事、節慶

四、推測六書及部首

基測評量對以上四種能力的配題大致為詞義2題，句義5題，段義7題，文化常識1題。其中的句義與段義是基測命題的重點，應特別注意。

說明正確語詞涵義

一、解釋詞義

甲、基測試題

題型一

1.文天祥的絕命辭：「孔曰成仁，孟云取義，惟其義盡，所以仁至。讀聖賢書，所學何事？而今以後，庶幾無愧！」其中

「所學何事」指的是什麼？（921）

(A)精進學業，造就經國濟世美名

(B)為國盡忠，不惜犧牲自己生命＊

(C)紹繼聖賢，復興中華傳統文化

(D)效法先賢，著書立言揚名後世

【說明】

此單元是評量學生對語詞解釋的辨識能力。由於基測試題不強調記憶知識，因此不會將教材注釋直接編為試題，老師應培養學生從上下文判斷詞語涵義能力而非死背注釋。

題型一　為語詞涵義的辨識。

乙、自己動手做

題型一

1. 下列成語「 」的字義解釋，何者錯誤？

　(A)見笑大「方」：道

　(B)「毗」鄰而居：連接

　(C)含辛「茹」苦：食

　(D)毛「遂」自薦：於是＊

2. 下列「 」中的語詞意義，何者正確？

　(A)當窗理「雲鬢」，對鏡貼花黃／斑白的頭髮

　(B)「無如」人之常情，惡勞而好逸／比不上

(C)室有窪徑尺，「浸淫」日廣／浸濕

(D)上古結繩而治，後世聖人易之以「書契」／文字＊

3.下列「 」中詞義的說明，何者較正確？

(A)他「雍容」的氣度和豐富的學養，令人十分景仰／昂然不屈

(B)童年的情景「歷歷」如繪，而今人事已非，令人不勝唏噓／
時間久遠

(C)上完一天課，大家仍然精神「抖擻」地在操場上打球／抖去
一身的疲累

(D)孔子周遊列國，寧受天下「揶揄」，而救世之心終不稍減／
嘲笑戲弄＊

【說明】

題型一　強調成語、語詞的靈活理解，老師可讓學生多加練
習。

二、區別同義詞

甲、基測試題

題型一

1.下列各句「 」中的字義，何者與其他三者<u>不同</u>？（911）

(A)盤根「錯」節＊

(B)不知所「措」

(C)移一山「厝」朔東

(D)民安所「錯」其手足

2. 下圖為「木蘭凱旋歸來，自城外入宮朝覲天子」的路線圖，她途中所經之地的正確順序是什麼？（911）

(A)郭→市→闕＊

(B)市→郭→闕

(C)市→闕→郭

(D)闕→市→郭

3. 武俠小說中的人物，常以謙遜的口吻自稱。下列哪個人物<u>沒有</u>用自謙詞？（922）

(A)鐵心蘭：「妾身就此告退」

(B)花無缺：「承蒙閣下對本人的指點」＊

(C)燕南天：「這劍法確實是在下自創」

(D)小魚兒：「敝人這就前往一探究竟」

題型二

1. 下列各「」內的字代換後，何者意思改變了？

(A)深耕而「易」耨／替＊

(B)可愛者甚「蕃」／繁

(C)生，事之「以」禮／依

(D)世人「盛」愛牡丹／甚

2. 下列文句「」中的字，何者替換後意義改變？（922）
　(A)民安所「錯」其手足／措
　(B)「咨」爾多士，為民前鋒／茲＊
　(C)夜夜夜半啼，聞者淚沾「襟」／衿
　(D)水陸草木之花，可愛者甚「蕃」／繁

3. 下列文句「」中的詞語，何者替換後文意改變？（922）
　(A)歌手演唱會，歌迷「魚貫」入場，為自己喜歡的歌手捧場／爭先＊
　(B)燒錄盜拷光碟是觸法的行為，你還敢「說嘴」，實在可惡／吹噓
　(C)你和他之間究竟有何「瓜葛」，為何他對你一直窮追猛打／牽連
　(D)退休後，加入志工的行列，可使你的人生「格外」有意義／分外

【說明】

此單元是評量學生對同義詞的辨識能力。
題型一　為評量同義詞或義近詞的辨識，題目2、3試題靈活，可多留意。
題型二　為評量同義詞代換的判斷，題目3設計靈活，可能是未來試題的趨勢，宜多留意。

乙、自己動手做

題型一

1. 下列文句的「」，何者<u>不是</u>對別人的敬稱？

(A)一語未完，只聽後院中有笑語聲，說：我來遲了，沒得迎接「遠客」

(B)熙鳳聽了，忙轉悲為喜道：正是呢。我一見了妹妹，一心都在他身上，又是歡喜，又是傷心，竟忘了「老祖宗」了

(C)劉姥姥忙念佛道：「我們家道艱難，走不起，來到這裏，沒的給「姑奶奶」打嘴，就是管家爺們瞧著也不像

(D)賈母笑道：這定是「鳳丫頭」促狹鬼兒鬧的！快別信他的話了＊

題型二

1. 下列「」中的字，以斜線右邊的字代換後，何者意思改變了？

(A)太丘「舍」去／捨

(B)安所「錯」手足／措

(C)困於心，「衡」於慮／橫

(D)「俛」而讀，仰而思／免＊

2. 下列「」內的字，以斜線右邊的字代換後，何者意思改變了？

(A)「喞」觸賦詩／銜

(B)「施」從良人之所之／迤

　　(C)法家「拂」士／弼

　　(D)在「醜」不爭／讎＊

3.下列文句「」中的詞語，何者替換後文意改變？

　　(A)看到老年人「蹣跚」的步履，總會讓我想起遠在南部的爺爺
　　　／遲緩

　　(B)面對朋友的「讚美」，他謙虛地表示自己的表現只是差強人
　　　意而已／誇獎

　　(C)主持人講了一個笑話，全場觀眾聽完都「噴鼻」不已／捧腹

　　(D)張大千的成就，一般畫家「望塵莫及」／望穿秋水＊

4.下列「」內的字，以斜線右邊的字代換後，何者意思<u>沒有改</u>
　<u>變</u>？

　　(A)夜不閉戶，路不拾遺，「只是」想像中的大同世界，古今中
　　　外從來沒有一個地方真正實現過／唯有

　　(B)台北是一個古老的城市，突然間一夕致富，「以致」到處都
　　　呈現出張皇失措的現象／必然

　　(C)我回到台北，一走出有冷氣的機場，便「宛如」落進一鍋熱
　　　粥中／好像＊

　　(D)我一向不欲侈談中西文化，更不敢妄加比較；「因為」所知
　　　不夠寬廣深入／只有

三、區別多義詞

甲、基測試題

題型一

1.下列各組「」中的字，何者意義相同？（901）

(A)無「的」放矢／一箭中「的」*

(B)千「乘」之國／「乘」風破浪

(C)「輾」轉難眠／「輾」碎

(D)「屏」息／「屏」棄

2.下列各組「」中的同音字，何者意義<u>不同</u>？（912）

(A)凡被認為是垃圾的那些東西出現在他們的防區，他們便「予」
　以清除／母親給「予」他的影響相當深遠

(B)那一般足以擎天「撼」地的生命力，令我肅然起敬／那一聲
　聲沉穩而規律的跳動，給我極深的震「撼」

(C)為了準備期中考，他手不釋「卷」，全力以赴／帶著一「卷」
　書，走十里路，還一塊清靜地，看天，聽鳥、讀書*

(D)我明明是個小孩子，「混」吃混玩，而我為什麼卻不感謝老
　天爺／在這廣漠的人海裡，我獨自「混」了二十多年

題型二

1.翻開辭典，可看到詞義及例證的說明。以下的詞義與例證，

何者與陳子昂詩句「前不見古人，後不見來者。念天地之悠悠，獨愴然而涕下。」中的「悠悠」詞義相同?（911）

(A)憂思，如「悠悠我思」

(B)眾多，如「悠悠者天下皆是」

(C)荒謬不合事理，如「悠悠之談」

(D)空闊無際，如「白雲千載空悠悠」＊

2.「居惡在？仁是也；路惡在？義是也。」中的「惡」字的字義，應該是下列何者？（921）

(A)何，哪裡＊

(B)恨，討厭

(C)患，憂慮

(D)甚，非常

3.「得之於人者太多」句中的「於」字和下列何者意思相同？（922）

(A)是法不信「於」民

(B)不戚戚「於」貧賤

(C)舜發「於」畎畝之中＊

(D)一生之計在「於」勤

【說明】

此單元是評量學生對多義詞在句子中正確涵義的判斷能力。

題型一　為判斷多義詞在句子中的不同涵義。

題型二　為判斷多義詞在句子中的涵義。

乙、自己動手做

題型一

1. 下列「 」的詞義，何者兩兩相同？

　(A)略「遜」一籌／他唱的歌「遜」斃了＊

　(B)他執法嚴苛，大家都稱他「酷」吏／「酷」哥辣妹競相比酷

　(C)言語得「當」／那門功課不幸被「當」

　(D)「凱」旋榮歸／他今天心情好，出手很「凱」

2. 下列「 」中的字義，何者兩兩相同？

　(A)余之數告執事，蓋為貴國人民之生命，不忍陷之瘡痍「爾」
　　／應是母慈重，使「爾」悲不任

　(B)修身「見」於世／「見」機而作

　(C)命童子取土「平」之／及其久，而窪者若「平」

　(D)至勢不得已，而謀自衛之道，「固」余之所壯也／勝「固」
　　欣然，敗亦可喜＊

題型二

1. 下列選項的「 」，何者沒有「拿」的涵義？

　(A)只見那客人「將」出一兩銀子，放在櫃上

　(B)那人道：小二，果品酒饌，只顧「將」來，不必多問

　(C)林沖正待吃飯，忽見一人閃「將」出來＊

　(D)正說話間，只聽閣子裡叫：「將」湯來。小二忙去應承

【說明】

題型一、二雖保留基測的題型結構，但內容設計得更為靈活，老師可多留意。

四、區別虛數詞

甲、基測試題

題型一

1. 下列「」中的「一」字，何者在表達人、事或物的實際數量？（911）
   (A)「一提到」桂花，就彷彿聞到了那股子香味
   (B)他講話很守信用，是個「說一不二」的老實人
   (C)遠眺茫茫大海，覺得個人藐小得真如「滄海一粟」*
   (D)他和我走到車上，將橘子「一股腦兒」放在我的皮大衣上

【說明】

此單元是評量學生判斷數詞虛、實涵義的能力。

題型一　為判斷數詞是虛數或實數，此題型頗為靈活宜多留意。

乙、自己動手做

題型一

1. 下列成語的數字，何者<u>不是</u>實指該數目？
   (A)一箭雙鵰
   (B)七級浮屠
   (C)三姑六婆
   (D)十萬火急＊

2. 下列詩句中的「一片」，何者<u>沒有</u>「一」的涵義？
   (A)稻花香裏說豐年，聽取蛙聲一片＊
   (B)一片風帆望已極，三湘煙水返何時
   (C)樹頭樹底覓殘紅，一片西飛一片東
   (D)一片花飛減卻春，風飄萬點正愁人

五、區別虛詞

甲、基測試題

題型一

1. 下列各句中的「也」字，何者表達「停頓」的語氣？（902）
   (A)君子無所爭，必也射乎＊
   (B)蓮，花之君子者也

(C)樊遲曰：何謂也

(D)無魚，蝦也好

【說明】

此單元是評量學生判斷虛詞用法的能力，惟國中生對虛詞的認識能力，仍屬有限，故試題多以虛詞所表現的語氣為評量範圍。

題型一　為判斷虛詞的語氣。

乙、自己動手做

1. 下列各句中的「乎」字，何者表達「疑問」的語氣？

(A)生於我乎館，死於我乎殯

(B)子不遇時，惜乎

(C)娘以指叩門扉曰：兒寒乎＊

(D)參乎，吾道一以貫之

六、區別意義新詞

甲、基測試題

題型一

1.「大盜之行，天下圍攻」這個防盜標語是借用「大道之行，天下為公」的諧音，下列何者<u>不是</u>使用這樣的表達方式？（902）

(A)每種考試他都「躍躍欲試」，不落人後＊

(B)使用無鉛汽油，可以讓您「無鉛無掛」

(C)再厲害的理髮師，面對禿子顧客，也是「無髮可施」

(D)老闆只要在公司吹冷氣，就能「坐以待幣」，令人羨慕

2.「滔滔口才訓練公司教導你講話技巧，使你『千辯萬話』，無往不利」，「千辯萬話」是借用同音字賦予「新義」，以達到意想不到的文學趣味。下列「」中詞語，何者也具有同樣效果？（911）

(A)九二一大地震，全國人民發揮同胞愛，踴躍捐款，「賑賑有慈」＊

(B)中國是一個愛月的民族，賦予月亮一種永恆而「美麗的詩趣」

(C)高級寢具用品大折扣，蠶絲被輕柔保暖，讓妳「夜夜好眠」

(D)最新美白用品，雙重滋養，呵護肌膚，使肌膚「嫩白抗皺」

【說明】

此單元是評量學生對諧音別解的辨識能力。近年報章雜誌常活用成語，利用諧音別解的方式，使文字的表達更見靈活，老師可蒐集各類廣告詞供學生練習。

題型一　為辨識諧音別解，此為基測創意題型，宜多注意。

乙、自己動手做

題型一

1.「香煙銷肺者請自重」,「銷肺者」借用「消費者」的「諧音
別解」製造文字的特殊效果。下列「」內的語詞,何者<u>不屬於</u>
「諧音別解」的用法?
　(A)一眼望去,臺北街頭盡是「酷哥辣妹」*
　(B)青少年對於師長的訓戒多半「一言九頂」,勇於辯解
　(C)大人們對新新人類如此沉迷於「青春嘔像」十分不解
　(D)教師節接到「毀人不倦」的賀卡,令李老師啼笑皆非

題型二

1.「開夜車」字面義為夜間開車,但放在句子中卻常形容工作或
讀書到深夜。下列「」的語詞,何者<u>沒有</u>這種現象?
　(A)現今景氣不佳,各行各業中被「炒魷魚」者也日益增加
　(B)老胡每次都在開檢討會時,說得頭頭是道,真不愧是「馬後
　　炮」專家
　(C)老李不但多金,又出手大方,許多飯店酒店的服務生奉之有
　　如「財神爺」*
　(D)他跟同學約好在火車站見面,卻被同學「放鴿子」,等了好
　　久,都不見半個人影

2.「夢周公」本是孔子寄託緬懷先賢之意,現在則轉為「睡覺」

的通稱。下列各組文句「」的詞語，何者<u>沒有轉變原義</u>？

(A)太極生兩儀，兩儀生四象，四象生「八卦」／影劇圈的「八卦」消息，最能滿足影迷們的窺視心理

(B)織女與「牛郎」隔著浩瀚的銀河，遙遙相望／警方昨晚至酒家執行臨檢時，查獲數十名「牛郎」

(C)為了贏得年底選舉，各黨都推出優秀「同志」投入選戰／旅遊文學與「同志」文學的產生，是文壇近年來值得注意的現象

(D)他業務繁忙，「大哥大」常響個不停／為了保障旅客們的安全，飛機上嚴禁使用「大哥大」＊

題型三

1.「大家都說我是『名嘴』，其實我是『出了名的挑嘴』。」這句廣告詞故意將「名嘴」一詞<u>拆開</u>、<u>增字</u>以<u>另賦新義</u>，來吸引視聽大眾。下列文句何者也採用這種修辭方式？

(A)他很愛逛街購物，是每個月都把薪水花光光的「月光」族＊

(B)現代人多吃又不愛運動，久而久之就變成虛胖的「麵龜」族

(C)衛生署提醒愛嚼檳榔的「紅唇」族：吃檳榔可能有害口腔健康

(D)許多青少年表面充滿活力，事實上卻完全經不起壓力，有人戲稱他們為「草莓」族

2.媽媽並非「萬能」，但是沒有媽媽卻「萬萬不能」。上述文句故意將「 」裡原有的語詞拆開，再增添文字，另作新解。下列文句「 」的語詞，何者<u>不具有</u>此類作法？

(A)辦公室裡單身光棍的劉先生真是「可愛」，大家一致公認他「可憐沒人愛」

(B)表哥平日熱心公益，積極加入「義消」，成為人人敬佩的「義勇消防隊員」*

(C)兩位環保調查員至現場調查「公害」，不料在當地竟慘遭圍毆，「公然遇害」

(D)李小姐結婚，原本喜獲「良人」，人財兩失之後，方才醒悟良人原是「良心缺乏的人」

【說明】

題型二　為辨識詞語古今異義。

題型三　為辨識詞語拆解後之新義。

此二類題型基測尚未出現試題，但其他大型考試屢有出現。

此類試題可評量文字活用能力，老師宜多留意。

七、區別聲音新詞

甲、基測試題

題型一

1. 下列選項，何者全部是外來語音譯的詞？（901）

　　(A)披薩、沙發、巧克力*

　　(B)邏輯、壽司、腳踏車

(C)電視、冰箱、摩托車

(D)番茄、麵包、冰淇淋

【說明】

題型一　為評量音譯外來語的辨識。

乙、自己動手做

題型一

1. 下列文句「　」內的詞彙，何者<u>不是</u>來自閩南方言？

　(A)總統直選，全民做「頭家」

　(B)向歷史負責，為將來「打拼」

　(C)選戰花招讓大家看得「霧煞煞」

　(D)天王巨星登場，魅力果然「紅不讓」＊

2. 下列「　」的語詞，何者<u>不是</u>來自「閩南語方言」？

　(A)你難道腦筋「秀逗」了嗎？竟記不得家裡的電話號碼

　(B)面對前衛的新世代，許多人自嘲已經淪為「LKK」族了

　(C)網路情人期盼電腦螢幕傳來的「伊媚兒」，安慰自己孤獨的

　　心靈＊

　(D)小方是「英英美代子」族，喜歡在網咖消磨時間

【說明】

此單元是評量學生辨識聲音新詞的能力，目前外語或閩南方言混入國語的現象十分普遍，可提醒學生注意此類新詞。

題型一　為評量閩南語方言在國語中的活用，此類題型較基測試題靈活，老師可多留意。

第二節

說明正確句子涵義

一、解釋句子涵義

甲、基測試題

題型一

1. 下列各句勉勵語的說明，何者是<u>不正確</u>的？（901）

　(A)「放下屠刀，立地成佛」／勉人及時改過遷善

　(B)「欲窮千里目，更上一層樓」／勉人力爭上游，發憤圖強

　(C)「吃得苦中苦，做得人中人」／勉人不怕吃苦，就能出人頭地＊

　(D)「盛年不重來，一日難再晨」／勉人把握時光，及時努力

2. 下列各選項「」中的文句說明，何者適當？（912）

　(A)「一分耕耘，一分收穫」／求學時要善於利用時間，才能有
　　　好成績

　(B)「知之為知之，不知為不知」／研究學問應該誠實，不能自
　　　欺欺人＊

　(C)「戶樞不蠹，流水不腐」／為學應該認真勤奮，以彌補先天
　　　的不足

　(D)「讀書有三到：心到、眼到、口到。三到之中，心到最急」
　　　／急切的求知卻是學習的動力

3.「如能用古人而不為古人所惑，能役古人而不為古人所奴，則
　載籍皆似為我調查，而使古人為我書記，多多益善矣。」句中
　「能用古人而不為古人所惑，所役古人而不為古人所奴」的意
　思是什麼？（912）

　(A)讀書時能吸收古人思想的精華，捨棄不合時宜的見解＊

　(B)讀書時能熟悉古人的生活背景，與他們的心靈相契合

　(C)讀書時能對古人感到迷惑的問題加以分析理解

　(D)藉著讀書豐富自己的見聞，開拓自己的視野

題型二

1. 下列廣告詞的句意說明，何者錯誤？（902）

　(A)「我是在當爸爸之後，才知道怎麼當爸爸的！」／人在學習
　　　中成長

　(B)「科技始終來自人性！」／科技產品是為了符合人類需要而
　　　創造的

(C)「知識使人美麗！」／書本可以充實心靈

(D)「美麗不是負擔！」／美麗可以使人成長＊

【說明】

此單元是評量學生解釋文句涵義的能力。為避免學生死記文句翻譯，基測試題解釋句子涵義往往採義譯而不採直譯，所以學生不宜死背文句翻譯。

題型一　為辨識古文翻譯白話文。

題型二　為辨識現代文的轉譯。

乙、自己動手做

題型一

1. 下列各句的釋義，何者正確？

(A)「友人慚，下車引之，元方入門不顧」／朋友感到很慚愧，下車親自為元方帶路，但元方不理他，自己進門去了

(B)「不戚戚於貧賤，不汲汲於富貴」／不憂慮貧賤，不貪求富貴＊

(C)「生，於我乎館；死，於我乎殯」／朋友活著的時候，我一定會去他家拜訪；去世出殯，我一定會參加他的葬禮

(D)「室有窪徑尺，浸淫日廣。每履之，足苦躓焉。」／室內有低陷的地方，直徑一尺，經常積水，範圍日益擴大，每次踩到，腳都被污水濺髒

2. 下列各句的釋義，何者正確？

　　(A)「譬如平地，雖覆一簣，進，吾往也」／就像走在平坦的地
　　　　面上，雖然上面被倒了一筐土，只要你決心跨過去，便能繼
　　　　續前進

　　(B)「菊之愛，陶後鮮有聞」／菊花的愛心，陶淵明以後就很少
　　　　人知道了

　　(C)「卒之東郭墦間，之祭者乞其餘」／他最後死在東城外的亂
　　　　墳堆中，掃墓的人可憐他，便用剩下的祭品祭拜他

　　(D)「聖人所不知，未必不為愚人所知也；愚人之所能，未必非
　　　　聖人之所不能也」／聖人不知道的事，愚人不一定也不知
　　　　道；愚人能做到的事，聖人不一定能做到＊

題型二

1. 下列文句的涵義說明，何者正確？

　　(A)吃飯為「維持生命」所必需；讀書為「充實生命」所必需／
　　　　讀書的重要＊

　　(B)真正肯讀書的人，即使工作再忙，也能做到忙裡抽閒，手不
　　　　釋卷／讀書的困難

　　(C)研究任何一門學問，都必須具有懷疑的精神／讀書的樂趣

　　(D)古人嘗言：「讀書有三到：心到、眼到、口到。三到之中，
　　　　心到最急」／讀書的捷徑

二、說明句子觀點

題型一

1. 清儒曾國藩云：「凡富貴功名，半由人事，半由天命；唯讀書做人，全憑自己做主。」由此可推知他的想法為何？（901）
   (A)讀書做人，操之在己*
   (B)謀事在人，成事在天
   (C)發憤向學，功名可得
   (D)富貴功名，命中注定

2. 子曰：「事父母，幾諫。」下列敘述何者符合這句話的精神？（922）
   (A)並肩作戰，親子如友
   (B)互助合作，親子連心
   (C)當仁不讓，大義滅親
   (D)理直氣和，親子雙贏*

3. 下列各選項「」中的詩句所表達的心情，何者說明<u>不正確</u>？
   （912）
   (A)打起黃鶯兒，莫教枝上啼。「啼時驚妾夢，不得到遼西」／
   開朗*
   (B)向晚意不適，驅車登古原。「夕陽無限好，只是近黃昏」／
   惆悵

(C)久旱逢甘雨，他鄉遇故知。「洞房花燭夜，金榜題名時」／
　　驚喜

(D)昔有吳起者，母歿喪不臨。「嗟哉斯徒輩，其心不如禽」／
　　鄙斥

4. 詩句往往提供季節線索，如「吹面不寒楊柳風」即提供春季
　　的線索。下列詩句與季節的配對，何者正確？（922）
　　(A)天階月色涼如水，坐看牽牛織女星─春
　　(B)四顧山光接水光，憑欄十里芰荷香─夏＊
　　(C)莫笑農家臘酒渾，豐年留客足雞豚─秋
　　(D)誰念西風獨自涼，蕭蕭黃葉閉疏窗─冬

題型二

1. 「吹面不寒楊柳風」和以下哪個成語所描述的情境最相近？
　　（912）
　　(A) 春風滿面
　　(B)春風化雨
　　(C)春風和暢＊
　　(D)春寒料峭

2. 蘇蘇收到爺爺的來信，信上說：「親愛的蘇蘇，我不希望你
　　長大之後也會成為一個把這世界視為理所當然的人。」下列
　　何者是爺爺希望蘇蘇在生活中要多培養的態度？（922）
　　(A)樂於探索的好奇心＊
　　(B)超越勝敗的大格局

(C)當機立斷的行動力

(D)不畏艱難的意志力

3.「人生如棋局，精於預測者必握勝機。」根據這句話，下列何者是想擁有成功人生的最好作法？（922）

(A)步步為營

(B)出奇致勝

(C)隨機應變

(D)掌握趨勢＊

【說明】

此單元是評量學生掌握句子某部份要點的能力，可無需概括全句涵義。

題型一　為辨識文言文句子某一要點的涵義。

題型二　為辨識白話文句子某一要點的涵義。

乙、自己動手做

題型一

1.請判斷「結髮同枕席，黃泉共為友」表達兩人怎樣的感情？

(A)金屋藏嬌

(B)鶼鰈情深＊

(C)義結金蘭

(D)光風霽月

2.「吉人之辭寡，躁人之辭多」的涵義是希望人少談論什麼？

　　(A)日常瑣事＊

　　(B)經國大業

　　(C)詩書義理

　　(D)生活哲思

3.「同是天涯淪落人，相逢何必曾相識」，抒發怎樣的感懷？

　　(A)一見鍾情

　　(B)造化弄人＊

　　(C)相見恨晚

　　(D)喜新厭舊

4.閱讀下列四詩，並為它們排列春夏秋冬景色的次序？

　　　甲、北風卷地白草折，胡天八月即飛雪

　　　乙、兩個黃鸝鳴翠柳，一行白鷺上青天

　　　丙、碧天如水夜雲輕，雁聲遠過瀟湘去

　　　丁、升堂坐階新雨足，芭蕉葉大梔子肥

　　(A)甲丁丙乙

　　(B))丙丁甲乙

　　(C)乙丁丙甲＊

　　(D)丁乙丙甲

題型二

1.「無畏北風凜冽／就著囚室南窗熹微的晨曦／你／執起蘸飽
孔孟墨汁的大筆／寫成仁義兩個字。」以上詩句，所歌頌的

是何種美德？
(A)威武不屈＊
(B)怡然自得
(C)安貧樂道
(D)學有專精

2. 下列文句何者和例句的觀點相同？

例句：父親寫信給我，信中說道：「我身體平安，但你娘近
來膀子疼痛得厲害。」

(A)父親寫信告訴我：「他的身體平安，但我娘近來膀子疼痛得
厲害」

(B)父親寫信告訴我，他的身體平安，但我娘近來膀子疼痛得厲
害＊

(C)父親寫信給我，信中說我身體平安，但我娘近來膀子疼痛得
厲害

(D)父親寫信給我，信中說：「你身體平安，但你娘近來膀子疼
痛得厲害

三、說明句子要旨

題型一

1. 王陽明說：「智者不以無過為喜，人之大德在於改過，做一
新人。」這段話最主要的意思是什麼？（911）
(A)說明人非聖賢，孰能無過

(B)勉勵人謹言慎行，避免犯錯

(C)強調知過改過、日新又新的重要性*

(D)指出智者以有過為喜、以重生為榮

題型二

1. 「人生像在群眾面前拉小提琴，邊拉邊學。」這句話旨在說明什麼？（902）

  (A)人要走進社會，接受試煉，不斷地自我修正*

  (B)卓越的成就像音樂素養，非一朝一夕可成

  (C)學習任何技藝都要勇於表現，才能進步

  (D)人生如戲，表演得好就能獲得掌聲

2. 「美，到處都有，對於我們的眼睛，不是缺少美，而是缺少發現。」這段文字的主要用意是在說明什麼？（912）

  (A)若不夠寬容，就不能看到事物好的一面

  (B)美是非常主觀的，人人感受各自不同

  (C)唯有用心觀賞，才能看見美的事物*

  (D)有良好的視力，才能發現美景

【說明】

此單元是評量學生辨識句子要旨的能力。

題型一　為辨識文言文句子的要旨。

題型二　為辨識白話文句子的要旨。白話文要旨是重要命題重點，注意中外名言佳句要旨。

乙、自己動手做

題型一

1.「三人行，則必有我師」是強調什麼？
　(A)青出於藍而勝於藍
　(B)行萬里路勝讀萬卷書
　(C)行行出狀元*
　(D)但開風氣不為師

2.下列文句的要旨說明，何者正確？
　(A)「生也有涯，而知也無涯」／學不暇給，雖暇亦不能學
　(B)「施人慎勿念，受施慎勿忘」／施比受更有福
　(C)「無徵不信」／做學問要在不疑處有疑
　(D)「在涅貴不緇」／出淤泥而不染*

題型二

1.下列文句要旨的說明，何者正確？
　(A)「如果他能從這扇門望見日出的美景，你又何必要求他走向
　　那扇窗去聆聽鳥鳴呢」／人各有所好，無需強求*
　(B)「吃飯為維持生命所必需，讀書為充實生命之所必需」／吃
　　飯為讀書，讀書為吃飯
　(C)「一生應盡的責任沒有盡，便死也帶著苦痛往墳墓裡去」／
　　生老病死皆是苦，還完舊債新債來
　(D)「痛苦會過去，美會留下」／生命是一篇小說，貴在好不在

長

2.「脾氣來時，理智便去，每一句話都是浸在刀光劍影的寒光裡。」這句話的要旨是什麼？

　(A)理性的話常充滿機鋒

　(B)氣話常具有殺傷力＊

　(C)理性的話往往咄咄逼人

　(D)氣話最易發人深省

3.泰戈爾說：「錯誤就住在真理的隔壁，因此常使我們上當。」這句話的要旨是什麼？

　(A)有真知灼見，才能辨識錯誤與真理的分野＊

　(B)不斷嘗試錯誤，就能驗證真理

　(C)真理經得起考驗，愈辯愈明

　(D)具備恆心毅力，才能找到真理

四、說明句子邏輯

甲、基測試題

題型一

1.下列何者推論正確？（901）

　(A)「唯有正直的人是君子」／所以君子都是正直的人＊

　(B)「美女的命都不好」／所以命不好的人都是美女

(C)「該來的人不來」／所以不來的人都是該來的

(D)「會叫的狗不咬人」／所以不咬人的狗都會叫

2. 下列選項，何者與「誰都認為這是本好書」的意思相同？
（902）

(A)有誰認為這是本好書呢

(B)沒人不認為這是本好書＊

(C)這本書被誰認為是好書

(D)誰會認為這是本好書啊

3.「凡是兒童搭乘公車可享優待。雯雯可持優待票乘車，所以
她是兒童。」以上推論無效，因為優待的對象不只是兒童。
下列何者不屬於這種無效的推論？（911）

(A)偷竊是犯罪的行為。呆呆犯罪入獄，必然是偷了他人的東西

(B)所有的學生都會有學生證。平平是大學生，所以他有學生證＊

(C)有愛心的人都樂於幫助他人。阿益常常幫助別人，他絕對是
個有愛心的人

(D)飲食不均衡，健康狀況必不佳。黛玉健康狀況不佳，她的飲
食一定不均衡

題型二

1. 偵探小說描述警方逮捕到四名殺人嫌犯後，左鄰右舍議論紛
紛：

「小李，誰都懷疑他是兇手！」

「小林誰都懷疑，他是兇手！」

「小張？誰？都懷疑他是兇手？」

「小黃，誰都懷疑他，是兇手！」

據警探說兇手是個疑心病很重的人。從以上線索判斷，誰最有

可能是兇手？（922）

(A)小李

(B)小林＊

(C)小張

(D)小黃

【說明】

此單元是評量學生辨識正確邏輯語意的能力。此類試題可培

養學生養成仔細閱讀，分析思考的習慣，但因國文教學一向

較不強調此重點，故老師可選擇與邏輯思考相關的書籍讓學

生閱讀，如張智先的《邏輯的第一本書》（先覺出版社）。傅

皓政《大師不敢翹的課》（御書房出版社）。

題型一　為辨識文句正確的邏輯語意。

題型二　為辨識文句邏輯的正確判斷。

乙、自己動手做

題型一

1.「飛鳥之影未嘗動」是從時間的間斷性來描述事物的現象。

下列何者也採用同樣的觀點來描述事物？

(A)飛奔的車輪，不停接觸地面

(B)風中的旗，不停的飄動

(C)箭落地前有靜止的時候＊

(D)長江之水，晝夜奔流

2.怡安說：「你難道不認為明華沒有任何理由這麼做嗎？」怡安說這段話的真正意思是什麼？

　(A)明華可以這麼做

　(B)明華不應該這麼做＊

　(C)有些懷疑明華這麼做不值得

　(D)不清楚明華這麼做是否應該

3.明哲說：「書法寫得好，硬筆字多半也寫得不錯，小新的書法作業常得高分，所以小新的硬筆字應該也寫得不錯。」下列那一種說法，與明哲的推論方式相同？

　(A)體重過重的人容易罹患疾病，小新雖然不胖，但是罹患許多疾病

　(B)細心的人多半很會做菜，美柔是個聰明人，所以做菜的手藝極為高明

　(C)蕨類植物比較喜歡陰暗潮濕的環境，這片山正好位於背陽處，應該會長滿許多蕨類植物＊

　(D)痛苦的人容易有煩惱，小明是痛苦的人

4.老王看到正在戒煙的小陳，因為犯煙癮而煩惱，便笑著說：「戒煙有什麼難的？我已經戒一百次了。」話聲剛停，立刻引發同仁的討論。下列何者，最能掌握老王話裡的意思？

(A)甲：真的，那一種方法最有效

(B)乙：老王，真有你的，任何難題，到你手裡立刻化解

(C)丙：老王啊！你乾脆跟小陳一起戒，看這一百零一次，能不能成功*

(D)丁：世上多了老王你這種人，煙酒公賣局還有生意可以做嗎

題型二

1. 閱讀下文並推斷紙條可能寫著什麼？

　　客人看過偵探的紙條後，渾身哆嗦，黃豆般的冷汗從前額滾了下來。

(A)若要人不知，除非己莫為*

(B)大膽假設，小心求證

(C)知己知彼，百戰百勝

(D)水波不興，風過無痕

五、說明句子關係

甲、基測試題

題型一

1. 「君子不怨天，不尤人」所表現的胸襟，與何者最接近？

(A)聽天由命

(B)法天而行

(C)樂天知命*

(D)順天應人

2. 宋末鄭思肖曾對著一個強迫他畫蘭的無理縣吏說：「頭可得，蘭不可得。」這樣的表現，與下列何人透過言語所流露的氣節相近？（912）

(A)慨歎「徒然食息於天地之間，一蠹耳」的李文炤

(B)誓言「宋亡，惟可死，不可生，願一死足矣」的文天祥*

(C)自省「我獨何人，貪求無厭，窮民將何所措手足乎」的鄭板橋

(D)堅信「子子孫孫，無窮匱也；而山不加增，何苦而不平」的愚公

題型二

1. 「人的一生，就是上天與社會的賜與，所以一個人做人做事該當飲水思源，滿懷感激。」上述為人處世的態度，比較接近下列哪一個選項？（901）

(A)顏淵從來不誇耀自己的長處，也不張揚自己的功勞

(B)五柳先生對於貧賤不感到憂慮，對於富貴也不汲汲營求

(C)愛因斯坦發表《相對論》時，強調是與朋友討論所得的成果*

(D)子路願把自己的馬車輕裘與朋友共用，即使用壞了也沒有怨憾

2. 「不必逗留著採拾路畔的花朵來保存，一路上，花朵自會繼續開放哩！」這句話意義與下列何者較為接近？（902）

(A)由青澀轉為成熟是需要時間的

(B)面朝著太陽，陰影就落在後面

(C)上帝關了這扇門，必打開另一扇窗

(D)客棧雖好，卻不如征途的多采多姿＊

3.「知識，使你更有魅力！」這句話的涵義，與下列何者最接
近？（921）

(A)時時追求新知可使人見聞廣博，語言有味＊

(B)一個不肯讀書的人，所說的話必定令人討厭

(C)有魅力的人，總是喜歡閱讀且知識豐富的人

(D)有知識的人，就有容忍和尊重別人的雅量

4.「近代人類立志的思想，是注重發達人群，為大家謀幸福。」
這句話的精神與下列何者相近？（922）

(A)我們能夠處處盡責任，便能夠處處得到快樂

(B)越是真正做過一點事，越是感覺到自己貢獻的渺小

(C)上天生下我們，是要把我們當作火炬，不是照亮自己，而是
照亮別人＊

(D)人的一生就是上天與社會的賜與，所以一個人做人做事應當
飲水思源

5.「得之於人者太多，出之於己者太少。因為需要感謝的人太
多了，就感謝天罷。」這段話的涵義和下列何者最相近？
（911）

(A)有人需要妳的愛，滿足他們吧！此時，你將是上天賜給他們
的恩典

⒝豐收是自然和人類合作的大手筆，人豈可貪天之功而愚昧地
　自鳴得意＊

⒞生活充滿困惑與潛在的混亂，宗教的力量可以指導我們找到
　義與秩序

⒟對生命有真切的擁抱後，看任何事就能寬宏大量，擁有海闊
　天空的人生觀

6. 麥帥說：「不要以願望代替實際作為。」

　詩人艾青說：「夢裡走的許多路。醒來還是在床上。」

　下列何者是這兩句話共同的涵義？（921）

　⒜有夢最美，希望相隨

　⒝想得一尺，不如行得一寸＊

　⒞理想要配合現實，才不會落空

　⒟睡夢中醒來，總有似真似幻的迷眩

【說明】

此單元是評量學生理解題幹句子涵義，進而分析其觀點，並
統整其他句子的觀點加以比較。它所涉及的能力往往超出理
解的範圍，因此屬於難度高的試題。

題型一　統整判斷文言文句子間的相關涵義。

題型二　統整判斷白話文句子間的相（　）義。此為較難試題
　　　　的命題重點，應多注意。

乙、自己動手做

題型一

1. 下列文句，何者與「有志者事竟成」的涵義最相近？
   (A)澹泊以明志，寧靜以致遠
   (B)只要功夫深，鐵杵磨成繡花針＊
   (C)少壯不努力，老大徒傷悲
   (D)人生自古誰無死，留取丹心照汗青

2. 下列文句，何者與「一室之不治，何以天下國家為？」的意思最接近？
   (A)小小的青草，你的步子是小的，但你佔有了你踏過的土地
   (B)一片樹葉不會枯萎，除非有整棵樹的默許
   (C)如果一個人只顧著看路障，那他就看不到目標了
   (D)從小事做起，鍛鍊自己的能力，這些試煉正幫助你一步步成就大事＊

3. 「庭下如積水空明，水中藻荇交橫，蓋竹柏影也」一句，所表現的趣味對象，與何者較相近？
   (A)晨起看竹，煙光浮動于疏枝密葉之間，胸中勃勃遂有畫意＊
   (B)蓮中通外直，不蔓不枝；香遠益清，亭亭淨植
   (C)輕鯈出水，白鷗矯翼，露濕青皋，麥隴朝雊
   (D)午睡初足，旋汲山泉，拾松枝，煮苦茗啜之

題型二

1. 尼采說：「如果你低估一個水手的能力，那麼，就祝他一帆風順吧！」這句話的涵意，與下列何者最接近？

(A)有運動家風度的人，寧可有光明的失敗，決不要不榮譽的成功

(B)創業的人都會自然的想到天；而敗家的人卻無時不想到自己

(C)平穩的道路通向平穩的終程；崎嶇的道路，卻往往通向璀璨的前途＊

(D)事業是關係於群眾的，做成了什麼事，便能為大家謀幸福

2. 下列文句那一組的涵義較相近？

　　甲、我們覺得美，是因為我們有愛

　　乙、要求人生淨化，先要求人生美化

　　丙、美隱藏在創造者或觀察者的靈魂裡

　　丁、你可以從外表的美來評論一朵花或一隻蝴蝶，但你不能像這樣評論一個人

(A)甲丙＊

(B)乙丙

(C)丙丁

(D)乙丁

3. 閱讀下文，並推斷何者與它所描寫的意境相似？

　　夏日之晨，幽靜清涼。微霧中，荷花一朵朵慢慢的開放。幽靜的天地間，甚至可以聽到花苞張開的聲音。

(A)頃刻間這周遭瀰漫了清晨富麗的溫柔，頃刻間你的心懷也分
　潤了白天誕生的光榮

(B)湖裡有十來枝荷花，苞子上清水滴滴，荷葉上水珠滾來滾去

(C)陽光停在昆蟲的小翅膀上微微顫動著，好似秋夜的小星點

(D)朦朧地，田野靜靜地睡了。只有窗外瓜架上的南瓜還醒著，
　伸長了藤蔓輕輕地往屋頂上爬*

六、說明句子語氣

甲、基測試題

題型一

1. 下列各句所傳達的語氣，何者說明正確？（901）

(A)「吾數年來欲買舟而下，猶未能也。子何恃而往？」／輕視
　的語氣*

(B)「我軍若進，中其計也，汝輩焉知？宜速退。」／勸慰的語
　氣

(C)「我親愛的手足，不要傷悲。」／斥責的語氣

(D)「應是母慈重，使爾悲不任。」／肯定的語氣

2. 下列各句所傳達的語氣，何者說明錯誤？（902）

(A)「咨爾多士，為民前鋒」／期勉的語氣

(B)「嗟哉斯徒輩，其心不如禽」／斥責的語氣

(C)「噫！菊之愛，陶後鮮有聞」／驚訝的語氣*

(D)「其恕乎！己所不欲，勿施於人」／推測的語氣

題型二

1.下列選項，何者語氣兩兩相同？（911）

(A)今天，我就要你作主／沒有農夫，哪裡有飯吃

(B)記住，飯碗裡一粒米都不許剩／我的天，怎麼這樣酸

(C)大家都像你這樣怕冷，誰來種田／爸，我們的小雞全跑到坡上去了

(D)大約大去之期不遠矣／籠中鳥的苦悶，大概僅次於黏在膠紙上的蒼蠅＊

【說明】

此單元評量學生判斷或辨識句子語氣的能力。

題型一　辨識文言文句子的語氣。

題型二　判斷白話文句子的語氣。

乙、自己動手做

題型一

1. 下列文句的語氣說明，何者最正確？

(A)把這手卷從頭到尾唸一道，合家聽著；雖有緊事，也休廢了／責備

(B)夫束修自好者，豈無其人／感嘆

(C)無懷氏之民歟！葛天氏之民歟／推測＊

(D)守的什麼更／命令

2. 下列文句，何者最能表現說話者的自信？

　　(A)無道人之短，無說己之長

　　(B)隱心而後動，謗議庸何傷＊

　　(C)柔弱生之徒，老氏誡剛強

　　(D)行之苟有恆，久久自芬芳

3. 下列文句，何者具有推測的語氣？

　　(A)宋亡，惟可死，不可生，願一死足矣

　　(B)今法如此而更重之，是法不信於民也

　　(C)應是母慈重，使爾悲不任＊

　　(D)非唯不益，乃增吾憂也

題型二

1. 下列文句的斥責，何者含有嘲諷的語氣？

　　(A)你不留餘地的批評同學，真是令人失望

　　(B)他報復仇人的手段，真是心狠手辣

　　(C)我熱心的幫你度過難關，真可算是仁至義盡

　　(D)你用作姦犯科來回報親人，真可說是寬厚仁慈了＊

2. 下列有關語氣的說明，何者正確？

　　(A)守的什麼更／命令

　　(B)娘（涼）什麼！老子都不老子呀／輕薄＊

　　(C)不要哭，不要哭；一會兒就不痛了／責備

(D)這株梧桐，怕再也難得活了／安慰

七、歸納主要觀點

甲、基測試題

題型一

1.下列詩句，何者<u>不是</u>用來描述返鄉的心境？（912）

(A)君自故鄉來，應知故鄉事。來日綺窗前，寒梅著花未＊

(B)嶺外音書絕，經冬復立春。近鄉情更怯，不敢問來人

(C)少小離家老大回，鄉音無改鬢毛摧。兒童相見不相識，笑問客從何處來

(D)白日放歌須縱酒，青春作伴好還鄉。即從巴峽穿巫峽，便下襄陽向洛陽

2.下列詩詞，何者最能表露出慈悲心腸？（922）

(A)白髮悲花落，青雲羨鳥飛

(B)愛鼠常留飯，憐蛾不點燈＊

(C)薄命生遭風雨妒，多情枉受蝶蜂憐

(D)共看明月應垂淚，一夜鄉心五處同

題型二

1.下列哪一選項<u>不是</u>在勸人「腳踏實地」？（912）

(A)不要以願望代替實際作為

(B)得之於人者太多，出之於己者太多＊

(C)老是吹號角的人，不是真正的獵人

(D)只要每一步走得穩妥，必可步向成功的坦途

2.英國心理學家布洛認為，將事物的實用目的拋開，更能產生美的感受。下列對於讀書的敘述，何者符合這個說法？（921）

(A)飽讀詩書，經世濟民

(B)窮究經書，匡正世俗

(C)吟詠詩詞，依然自得＊

(D)閱讀史籍，增廣見聞

【說明】

此單元評量學生能先理解句義再對個別句子分析、統整某特定觀點的能力，因此題目必須先提出某觀點，再統整各句子的觀點。

題型一　統整文言文或古典韻文的特定觀點。

題型二　統整白話文的特定觀點。

乙、自己動手做

題型一

1.「黃河遠上白雲間，一片孤城萬仞山」呈現出雄渾蒼茫的意境。下列詩句，何者的意境與它最接近？

(A)平崗細草鳴黃犢，斜日寒林點暮鴉

(B)山光照檻水繞廊，舞雩歸詠春風香

(C)天階夜色涼如水，臥看牽牛織女星

(D)秦時明月漢時關，萬里長征人未還＊

2. 下列詩句，何者是以委婉含蓄的手法，描寫客旅他鄉的落寞情懷？

　(A)姑蘇城外寒山寺，夜半鐘聲到客船＊

　(B)隨意春芳歇，王孫自可留

　(C)夕陽西下，斷腸人在天涯

　(D)孤帆遠影碧山盡，唯見長江天際流

3. 下列文句，何者以「親情」為書寫主題？

　(A)與君離別意，同是宦遊人；海內存知己，天涯若比鄰

　(B)浮雲遊子意，落日故人情；揮手自茲去，蕭蕭班馬鳴

　(C)焉知二十載，重上君子堂；昔別君未婚，兒女忽成行

　(D)露從今夜白，月是故鄉明；有弟皆分散，無家問死生＊

4. 下列文句，何者描寫「離別時的黯然銷魂」之情？

　(A)花自飄零水自流。一種相思，兩處閒愁

　(B)從別後，記相逢，幾回魂夢與君同

　(C)方留戀處，蘭舟催發。執手相看淚眼，竟無語凝噎＊

　(D)海內存知己，天涯若比鄰。無為在岐路，兒女共沾巾

5. 下列文句，何者與「白雲蒼狗，滄海桑田」的主題最接近？

　(A)吳宮花草埋幽徑，晉代衣冠成古邱＊

(B)出師未捷身先死，長使英雄淚滿襟

(C)山迴路轉不見君，雪上空留馬行處

(D)春花秋月何時了，往事知多少

6. 下列文句，何者最能表現「孤獨寂寞」的心境？

　(A)醉裡吳音相媚好，白髮誰家翁媼

　(B)越王句踐破吳歸，義士還鄉盡錦衣

　(C)天末同雲黯四垂，失行孤雁逆風飛＊

　(D)三顧頻煩天下計，兩朝開濟老臣心

7. 下列詩句，何者<u>沒有</u>「人物對話」？

　(A)長跪問故夫，新婦復何如。新人雖云好，未若故人姝。顏色雖相似，手爪不相如

　(B)下馬飲君酒，問君何所之。君言不得意，歸臥南山陲。但去莫復問，白雲無盡時

　(C)使君遣吏往，問是誰家姝。秦氏有好女，自名為羅敷。羅敷年幾何。二十尚不足，十五頗有餘

　(D)十四為君婦，羞顏未嘗開。低頭向暗壁，千喚不一回。十五始展眉，願同塵與灰。常存抱柱信，豈上望夫臺＊

題型二

1. 從下列人物對事情的反應，嘗試判斷何者最具有尊重對方感受的雅量？

　(A)看見提籠架鳥的人，會不斷提醒他們，鳥的苦悶僅次於黏在膠紙上的蒼蠅

(B)聽見父親和腳夫講價，覺得父親說話不夠漂亮，便插嘴去說

(C)看見朋友欣賞日出或聆聽鳥囀，會讚美他們具有卓然的生活
品味＊

(D)看見同學在公共場所推銷義賣品，會勸他潔身自愛，以免感
染腸病毒

2.下列何者能表達出「對美好事物未能及時把握」的遺憾？

(A)一個年輕人站在漫過膝蓋的河水裡，呼喚牛去洗澡

(B)我用心感受你那溫和的微笑，輕柔的低語

(C)當春光叩打我們的房門時，我忙著工作，而你也忘了去應門＊

(D)睡時要有死去的準備，放下生命一切的哀傷

第三節

說明正確段落涵義

一、說明段落標題

甲、基測試題

題型一

1.店舖主人對徒子說：「做買賣就要學我才不吃虧。我們舖子
裡的那塊波蘭呢料已放了很久，受潮、發霉、蟲蛀，可是我
把它冒充美國貨來出售，很快就賣出去了，還多賺了一大筆

錢。哈！老天爺派了個糊塗蟲給我。」侄子恭敬地回答：
「是，是，這話不假。我不知究竟誰是糊塗蟲？您瞧，他給了
一疊假鈔票。」

下列何者可作為此篇短文的題目？（901）

(A)掛羊頭，賣狗肉

(B)薑是老的辣

(C)邪不勝正

(D)惡有惡報＊

2.報載：「苗栗竹南龍鳳漁港，有漁民發現二、三百隻臺灣原
生種斑龜。根據縣政府判斷，可能是有人買來放生。可是斑
龜屬陸上淡水型烏龜，把牠們放生到海邊，說是放生，事實
上卻是殺生。」

下列何者最適合作為本報導的標題？（902）

(A)愛，就是還他自由

(B)過度的溺愛是一種傷害

(C)錯誤的放生，是一種滅絕的行為＊

(D)愛惜生命，不要再有放生的行為

3.我常常想，生命是什麼呢？牆角的磚縫中，掉進了一粒香瓜
子，隔了幾天，竟然冒出了一截小瓜苗，那小小的種子裡，
包含了怎樣的一種力量；竟使它可以衝破堅硬的外殼，在沒
有陽光，沒有泥土的水泥地上，不屈地向上苗長，昂然挺
立。

下列哪一項<u>不適合</u>作為這段文字的標題？（922）

(A)瓜苗的心聲＊

(B)自然的力量

(C)奇妙的種子

(D)生命的禮讚

【說明】

此單元評量學生辨識段落標題的能力。

題型一　為辨識段落標題。由於標題的範圍較廣泛，學生往
　　　　往不易選擇最正確的選項。因此題目3的設計較為
　　　　恰當。

乙、自己動手做

題型一

1. 閱讀下文，並推斷何者<u>不適合</u>做為它的標題？

宜蘭舉人黃纘緒的老家，那傳統的三合院建築，在經濟掛帥
的壓力下，一瞬間，化為醜陋的建築工地。被怪手鏟除掉
的，不只是傳統的建築文化，更是一段宜蘭人驕傲的開墾歷
史。

宜蘭舊城有條優美的護城河，曾經悠悠地流過宜蘭人的心
中，豐富了宜蘭人的鄉愁記憶。河中搖曳的水草、岸邊的垂
柳，曾經是宜蘭人生活中的一部分。如今，站在已掩蓋的原
址，過去護城河流經的地方，只見車來車往，一片匆忙。真
難想像失去河流滋潤的城市，就像乾枯的蘋果，怎會美麗得

　　起來！

(A)除舊與佈新*

(B)被抹去的記憶

(C)宜蘭舊城紀事

(D)維護優美的建築傳統

二、說明段落要旨

甲、基測試題

題型一

1. 有個人囑咐兒子說：「你一言一行，都要仿照老師的樣子。」一天，兒子遵照父親的教導去陪老師吃飯。老師吃，他也吃；老師喝，他也喝；老師有時轉動一下身子，他也轉動一下身子，老師暗中看他的舉動，忍不住笑了一聲，擱下筷子，嗆得打了一個噴嚏，這孩子也想打一個，可怎麼也打不出來，便作了一個揖，向老師謝罪說：「老師這樣的妙處，學生實在難學啊！」

以上這則故事的啟示為何？（902）

(A)有樣學樣是學習之鑰

(B)謹遵父訓是孝順之首

(C)盲目仿效非學習之道*

(D)好高騖遠非為學態度

2. 方仲永為一農家子弟,五歲時無自通寫了一首詩,不但極富
   意義,文詞運用亦巧妙,眾人皆讚為奇才。其父遂帶領仲永
   四處展現才藝,卻未曾安排他接受教育。久之,仲永奇才就
   不復存在了。

   下列何者最貼近以上這則故事的寓意?(911)

   (A)學而時習之,不亦說乎
   (B)聰與敏,可恃而不可恃也＊
   (C)謂學不暇給者,雖暇亦不能學
   (D)一日暴之,十日寒之,未有能生者也

3. 如果你在讀書中尋出一種趣味,將來你抵抗誘惑的能力比別
   人定要大些。這個興趣你現在不能尋出,將來便永不會尋出
   的。凡人都越來越麻木,你現在已比不上三、五歲的小孩子
   們那樣好奇、那樣興味淋漓了。你長大一歲,你感覺興味的
   敏銳度便遲鈍一分。

   關於上文,下列說明何者正確?(912)

   (A)趁年少培養讀書的興趣＊
   (B)依照自己的興趣來讀書
   (C)好奇心不會因年齡而改變
   (D)高深的學問能引起人們的興味

4. 有一個實驗是這樣的:在盛滿水的鍋子放入一條魚,然後把
   水的溫度以非常緩慢的速度逐漸升高。剛開始魚兒在水中悠
   然自得,一點都沒有異樣,但是在兩個小時之後,魚兒竟一
   點也沒有掙扎地死了。

此則故事的寓意是在說明何種道理？（912）

(A)人恆過，然後能改

(B)習之中人，甚矣哉＊

(C)勞則思，逸則淫，物之情也

(D)飽食終日，無所用心，難矣哉

5. 有一個鋸木工人面對堆積如山的木材，他只埋頭不停的鋸，緊張的不敢休息，希望把木材快點鋸完。鄰居勸他：「我看你的鋸子都有點鈍了，應該休息一下，磨磨你的鋸子吧！」工人卻不耐煩的地說：「你沒看到我有這麼多木材要鋸嗎？那有時間去磨鋸子！」

根據這個故事，下列敘述何者正確？（921）

(A)鄰居好逸惡勞，缺乏毅力

(B)工人求工心切，不得其法＊

(C)鄰居旁敲側擊，說話迂迴

(D)工人積極進取，爭取時效

6. 下列是一對母子的對話：

小華：「我剛剛看見一隻老鼠，大的像河馬一樣，嚇死我了！」

媽媽：「聽著，小華，我跟你說過了十萬八千遍，說話要據實，妳怎麼老是不改呢？」

這位母親的行為，用下列哪句話形容最恰當？（921）

(A)五十步笑百步＊

(B)天外飛來一筆

(C)知子莫若母

(D)一語中的

7.中國傳統教育並不鼓勵直接表達情緒。喜怒必須不形於色；
生氣是不對的；人不應該妒嫉別人；男子有淚不輕彈；害
怕？多沒出息！……類似這樣的教育方式，根深柢固的留在
我們的生活裡，以致人人壓抑、掩飾自己的感情，不敢以真
面目見人。面具戴久了，連自己也找不到自己的樣子了。

下列何者是這段文字的主旨？（922）

(A)抑制情緒，因人而異

(B)抑制情緒，有礙健康

(C)掩藏情緒，失去真我＊

(D)掩藏情緒，加深怨尤

8.有一師父和弟子，在深山中看到一隻狐狸正追著一隻兔子。
弟子對師父說：「我猜，兔子一定會被追上。」「不會，狐狸
追不上兔子。」師父肯定地說。「為什麼？」弟子問師父：
「狐狸跑得比兔子快啊！」師父回答說：「你不曉得啊！那狐
狸追得，只不過是一頓飯，可是那兔子逃的，卻是一條命
啊！」

下列何者最能切中師父話中的意涵？（922）

(A)生於憂患＊

(B)死於安樂

(C)死生有命

(D)劫後餘生

9. 閱讀下文，並推斷它的涵義是什麼？

> 有些人的童年、甚至是青少年的時期，世界似乎是由許多糖果店構成；以後，他們會漸漸覺得，世界像是許多鋸子店，鋸著他們的靈魂與肉體。

(A)青年看到世界的光明面，老人看到世界的黑暗面*

(B)人生像在群眾面前拉小提琴，邊拉邊學

(C)少年的放浪在三十歲後便須加利息支付

(D)青年對現實視而不見；老人對理想充耳不聞

10. 在工商界，有才幹的人基本上是受大家歡迎與肯定的。不過，有一種人則不然。這種人雖然有些本事，可是傲氣十足，凡事都認為「非我不可」，甚至自我膨脹，認為個人在公司的地位無人可取代。最後，這些人由於缺乏謙沖的修養，都與失敗者畫上了等號。

以上文句說明了什麼道理？（901）

(A)有才幹的人總會成功的

(B)不知謙沖，雖有才幹也不能成功*

(C)自信自立，能得到他人的尊敬

(D)才幹加上謙虛就成功

11. 有個窮和尚要憑著一瓶一缽，到南海去朝聖；另一個富有的和尚，卻要等存夠了錢才去。當窮和尚從南海回來時，富有的和尚還沒有出發。

這個故事給我們的啟示為何？（902）

(A)在山腳下徘徊的人，永遠到達不了山頂*

(B)寧可光明的失敗，決不要不榮譽的成功

(C)一個男子漢可以被毀滅，但不能被打敗

(D)崎嶇的道路，將通往光明、璀璨的前程

12. 我會成為怎樣的人，絕大部分決定於我和那些愛我或不愛我，以及我愛或不愛的人之間的關係。

這段文字最主要在強調什麼觀念？（911）

(A)我們不可能獲得所有人喜愛，也不可能喜愛各式各樣的人

(B)我是一個怎樣的人，要經由別人來判定才更趨於客觀公正

(C)我的人際關係對於我會成為怎樣的人，有相當程度的影響＊

(D)我會成為怎樣的人，完全決定於愛我或不愛我的人的好惡

題型二

1. 你騎馬來我騎驢，看看眼前我不如。回頭一看推車漢，比上不足比下餘。

本詩主旨在說明什麼？（911）

(A)職業不分貴賤

(B)知足才能常樂＊

(C)從比較中求進步

(D)勝不驕，敗不餒

2. 君子失時不失相，小人得時把肚漲，大家驢兒學馬走，到底還露驢兒樣。

根據這首民謠，下列敘述何者正確？（921）

(A)小人只要得志，也能成為君子

⑻小人得意時，也難有君子之像＊

⑽與其為偽君子，不如為真小人

⑾君子不能守窮，一窮就失相了

【說明】

此單元是評量學生辨識段落要旨的能力，要旨屬於整體內容的概括，包括涵義、寓義、要旨、啟示等內容。

題型一　辨識白話文段落要旨。

題型二　辨識文言文或韻文要旨。

乙、自己動手做

題型一

1.閱讀下文，並推斷它描寫的是身體的哪個部位？

> 只有翅翼
>
> 而無身軀的鳥
>
> 在哭和笑之間
>
> 不斷飛翔

(A)手

(B)眉＊

(C)唇

(D)眼

2.閱讀下文，並判斷它描寫的對象？

溶入身體裡面有限的水中

才想起故鄉是浩瀚的大海

當年以海浪的方式

一波一波的

移民到陸地上

(A)酒

(B)鹽＊

(C)糖

(D)油

3. 閱讀下文，並推斷蕭伯納說：「我卻正好相反。」時，他的
寓意是什麼？

　　英國大文豪蕭伯納有一次在公園的一條小路上散步，這一條
路窄得只容一個人行走。正當蕭伯納邊走邊思考問題時，對
面來了一個人，「我從來不給傻瓜讓路。」當對方認出是蕭
伯納時，便大聲吼叫的說。

「我卻正好相反」蕭伯納讓到一邊，微笑地說。

(A)我總是讓路給傻瓜＊

(B)我從來不讓路給傻瓜

(C)我從來不走傻瓜讓的路

(D)我從來不讓傻瓜讓路給我

題型二

1. 閱讀下文，並推斷它的要旨？

　　海上之人有好鷗鳥者，每旦之海上，從鷗鳥游，鷗鳥之至者

百數而不止。其父曰：「我聞鷗鳥皆從汝游，汝取來吾玩

之。」明日之海上，鷗鳥舞而不下。

(A)心靜自然涼，知足必常樂

(B)以籠養鳥，不如放鳥歸林

(C)大自然可親近，不可褻玩

(D)無私無我，才能人鳥相親＊

2. 閱讀下文，並推斷何者最能說明它的要旨？

鋤奸杜倖，要放他一條去路。若使之一無所容，譬如塞鼠穴

者，一切去路都塞盡，則一切好物俱咬破矣。

(A)窮寇莫追＊

(B)未雨綢繆

(C)逼上梁山

(D)以退為進

3. 閱讀下文，並判斷文中的妻子，是怎樣的人？

衛人有夫妻禱者，而祝曰：「使我無故得百束布。」其夫

曰：「何少也？」對曰：「益是，子將以買妾。」

(A)清心寡慾

(B)知足常樂

(C)忌妒心強＊

(D)冷酷無情

4. 閱讀下文，並判斷它的要旨？

昔有一國，國中一水，號曰狂泉。國人飲此水，無不狂者。

唯國君穿井而汲，獨得無恙。

國人既狂，反謂國君之不狂為狂。於是聚謀，共執其君，療其狂疾，火艾針藥，莫不畢具。

國主不任其苦，乃至泉所，酌水飲之。飲畢即狂。君臣大小，其狂若一，眾乃歡然。

(A)個人堅持不容易被了解＊

(B)社會多元，君民平等

(C)流行使人盲目

(D)輿論制裁勝過道德良知

三、說明段落內容

甲、基測試題

題型一

1. 瑜少精意於音樂，雖三爵之後，其有闕誤，瑜必知之，知之必顧。故時人曰：「曲有誤，周郎顧。」

這段文字旨在說明周瑜具備什麼？（902）

【爵：酒杯。知之必「顧」：關注】

(A)專精的音樂素養＊

(B)嶔崎磊落的品格

(C)犯顏直諫的勇氣

(D)千杯不醉的海量

2. 我國自古就懂得種茶、製茶和飲茶。最初,茶被當作一種藥材。據可靠記載,西漢時,茶才成為一種飲料。唐朝飲茶的風氣更為普遍,並且將喝茶習慣傳到日本。十七世紀初,我國茶葉輸入歐洲。茶,從此成為世界性的飲料。

依據上文,下列敘述何者正確?(902)

(A)我國從漢代開始種植茶樹

(B)茶在中國是藥材也是飲料*

(C)中國人喝茶的習慣是由日本傳入的

(D)十七世紀時製茶方式由歐洲輸入中國

3. 孤單老人不孤獨——因為有你!

你可知道——

在臺灣有越來越多老人需要有人陪伴,

現在,

只要你每週撥出二～四小時,

陪他們聊聊天,幫他們料理生活上的瑣事,

就能讓他們過得快樂、活得充實,

幫助老人,請加入我們的行列!

這是一則什麼性質的海報?(911)

(A)徵求為老人服務的志工廣告*

(B)為家中老人徵求短期看護的啟事

(C)「老人諮詢專線」招募義工的啟事

(D)呼籲「孝養家中長輩」的公益廣告

4. 毛空說:「前日從天上掉下來一大塊肉,有三十丈長,十丈

寬。」

艾先生說：「哪會有這樣的怪事？」

毛空說：「路上的人都這麼說，難道還會假嗎？」

從這段對話，可知毛空犯了什麼錯誤？（901）

(A)主觀判斷，自以為是

(B)人云亦云，道聽塗說＊

(C)誇大其詞，吹牛不打草稿

(D)自相矛盾，無法自圓其說

5. 蘇軾〈記承天夜遊〉：「庭中如積水空明，水中藻荇交橫，蓋竹柏影也。何夜無月？何處無竹柏？但少閑人如吾兩人耳！」

作者所呈現的心境與下列何者最接近？（901）

(A)忙人無是非，閑人是非多

(B)人閑桂花落，夜靜春山空

(C)人莫樂於閑，非無所事事之謂也

(D)江山風月，本無常主，閑者便是主人＊

6. 秦觀〈鵲橋仙〉：「纖雲弄巧，飛星傳恨，銀漢迢迢暗度。金風玉露一相逢，便勝卻人間無數。　柔情似水，佳期如夢，忍顧鵲橋歸路。兩情若是長久時，又豈在朝朝暮暮。」

這闋詞對於感情的看法，與下列何者相似？（902）

(A)不在乎天長地久，只在乎曾經擁有

(B)只要是此情長在，無須要常相廝守＊

(C)問世間情是何物，直教人生死相許

(D)衣帶漸寬終不悔，為伊消得人憔悴

7. 準備餵小狗吃飯的老爸：「誰吃了我放在餐桌上的狗罐頭？」

兒子大驚失色：「你說什麼？」

女兒幸災樂禍：「誰叫你嘴饞呢？」

老媽氣急敗壞：「你怎麼把狗罐頭隨便亂放呢？」

以上對話中，誰的話是真正在表達心中的疑問？（911）

(A)老爸＊

(B)兒子

(C)女兒

(D)老媽

8. 在蜂巢中有數以千計的蜜蜂立在那，頭朝下轉向蜂巢中心，翅膀迅速地鼓動著，牠們把不新鮮的空氣搧出蜂巢，把新鮮的空氣從另一邊引進來，所以整個蜂巢因為這數千隻「搧風蜂」獲得了空氣調節。

文中的「搧風蜂」調節了整個蜂巢的空氣，因為牠們發揮了什麼力量？（912）

(A)眾志成城＊

(B)螳臂擋車

(C)物以類聚

(D)同仇敵愾

9. 一扇門關上時，另一扇卻開了，不過我們經常十分懊喪地久久望著這扇關了的門，而不見為我們敞開的那扇門。

這段文字指出人往往會犯什麼樣的錯誤？（912）

(A)見異思遷

(B)囿於所見＊

(C)三心二意

(D)好高騖遠

10. 某報一篇以「高行健現象與臺灣文化的反思」為題的社論，
能以寬廣的視野洞悉臺灣文化發展的的未來方向。

此乃「輿論自身健全」所應具備的哪一項條件？（912）

(A)動機純潔

(B)識見卓越＊

(C)文才暢達

(D)膽氣橫逸

11. 十六世紀英國哲學家培根說：「頭腦靈活者，輕蔑學問；頭
腦簡單者，崇拜學問；只有聰明的人會使用學問，因為學問
不教人使用的方法，運用的智慧在於書本之外。」

根據這段話，下列何者是對待學問最好的態度？（921）

(A)相信學問的偉大力量

(B)勇於推翻既定的學說

(C)學問必須與生活結合＊

(D)審慎探索學問的根源

12. 大家之作，其言情也沁人心脾，其寫景也豁人耳目。其辭脫
口而出，無矯揉造作之態。以其所見者真，所知者深也。

根據上文，下列何者是詩詞大家作品之所以出色的根本原因？
（921）

(A)委婉曲折的抒情筆法

(B)歷歷如繪的敘景場面

(C)爐火純青的巧妙修辭

(D)真切深刻的見解感悟*

13. 二十世紀初，維也納有位極負盛名的鋼琴家──維特史坦，他在二次世界大戰中，被砲彈炸斷了慣用的右手。維特史坦不向命運低頭，到處懇求作曲家為他僅存的左手譜寫《左手鋼琴協奏曲》，因而他仍能彈奏出優美的樂章。

下列何者不能用來形容維特史坦的行為？（921）

(A)英雄何懼出身低*

(B)路是人走出來的

(C)逆境中寓有新生的契機

(D)痛苦的人，沒有悲觀的權利

14. 漢文帝時，有人驚動文帝車駕，文帝大怒，想要加重刑罰，廷尉張釋之卻堅持依法判決。

下列何者最能說明張釋之這樣的表現？（922）

(A)賞善罰惡，剛柔並濟

(B)濟弱扶傾，伸張正義

(C)尊重法律，不受干預*

(D)法理人情，兩相權衡

15. 生命是一天天長大的，人也是一樣，是不允許維持現狀的。
所謂生命的規律，隱藏著無限的殘酷，如果停止生長，瞬間
即將走向死亡。

根據本文，下列推論何者錯誤？（911）

(A)就社會而言，維持現狀是遏止變化衝擊的生存之道＊

(B)就人而言，智慧的追求如逆水行舟，不成長，便退化

(C)就一個公司的業績而言，若不求蒸蒸日上，必然逐漸衰退

(D)生命必須像一條輕唱的小溪，蜿蜒向前，才不會成為一池污
水

題型二

1. 高、曾、祖，父而身，身而子，子而孫，自子孫，至玄、
曾，乃九族，人之倫。

由這段文字可推知「高祖父」是誰？（922）

(A)父親的父親

(B)父親的祖父

(C)祖父的父親

(D)祖父的祖父＊

2. 《宋史》載：「軾以書見歐陽修，修語梅聖俞曰：『吾當避
此人出一頭地。』」

句中的「此人」指的是誰？（922）

(A)《宋史》的作者

(B)蘇軾＊

(C)歐陽修

(D)梅聖俞

3. 辛棄疾〈清平樂〉:「茅簷低小,溪上青青草。醉裡吳音相
　媚好,白髮誰家翁媼? 　　大兒鋤豆溪東,中兒正織雞籠,
　最喜小兒亡賴,溪頭臥剝蓮蓬。」
　有關這闋詞的內容安排,次序為何?(902)
　(A)先寫空間,再寫時間
　(B)先寫景物,再寫人情*
　(C)先寫遠景,再寫近景
　(D)先寫事理,再寫感想

4. 種豆南山下,草盛豆苗稀。晨興理荒穢,帶月荷鋤歸。道狹
　草木長,夕露沾我衣。衣沾不足惜,但使願無違。
　**若不論本詩的創作年代,如何從其結構判斷它<u>不是</u>「五言律
　詩」?**(911)
　(A)句數太多
　(C)第二聯及第三聯均無對仗(＊)
　(B)偶數句沒有押韻
　(D)不合乎起承轉合的型式

5. 周邦彥詞〈浣溪沙〉:「樓前芳草接天涯,勸君莫上最高
　梯。」
　李後主詞〈清平樂〉:「離恨恰如春草,更行更遠還生。」
　以上文句中的「草」,皆有何種象徵意義?(922)
　(A)欣欣向榮的氣象

(B)源源而來的挫折

(C)綿綿不絕的鄉愁＊

(D)默默省思的體悟

【說明】

此單元是評量學生辨識段落內容的能力，內容的範圍極為廣泛，它與要旨的不同是著重評量段落的細節，如字作技巧、文體結構、情懷、情境、綜合內容等。

題型一　辨識白話文段落的內容。

題型二　辨識文言文段落的內容。

乙、自己動手做

題型一

1. 我想離開，卻又被窸窸窣窣的一些聲音喚住。那些輕細的聲響來自松林的深處與近處，來自溫泉的水煙裡，來自懸空的地板和垂掛雨珠的屋簷。

   這段敘述，表現了何種情境？

   (A)寂寞冷清

   (B)神秘詭譎

   (C)寧靜幽美＊

   (D)舒適安泰

2. 無畏北風凜冽／就著囚室南窗熹微的晨曦／你／執起燻飽孔

蘸墨汁的大筆／寫成仁義兩個字。

以上詩句，所歌頌的是何種美德？

(A)富貴不淫

(B)貧賤不移

(C)威武不屈＊

(D)處變不驚

3.閱讀下文，並回答問題。

　　傍晚，妻餵雞，我發覺那隻母雞已經不在了，便記起她跟我

　　說的話。

　　「你把母雞宰了？」我問她。

　　「珠－珠－珠－」

　　她向草坡那面高聲叫雞。

　　「宰了！」她邊叫邊說：「都說餓瘦了可惜嘛。珠珠－」

　作者在文中安排妻子不斷重複「珠－珠－珠」的呼叫聲，是暗

　示妻子藉此：

(A)召喚雞群多吃穀粒

(B)抱怨工作太辛苦

(C)掩飾殺雞的不安＊

(D)擔心大雞欺負小雞

4.閱讀下詩，並判斷何者的說明較正確？

　　曾經緊緊握一枚銅幣，在掌心，

　　那是一家燒餅店的老頭子找給我的

　　一枚舊銅幣，側像的浮雕已經模糊，

依稀，我嗅到有一股臭氣——

一半是汗臭；一半，是所謂銅臭，

上面還漾著一層惱人的油膩。

(A)這是一首近體詩
(B)具有固定的格律
(C)詩中以銅幣象徵財富
(D)「氣」，「膩」二字押韻 *

題型二

1. 子曰：「賜也，汝以予為多學而識之者與？」

對曰：「然，非與？」

曰：「非也，予一以貫之。」

由此可見，孔子為學所重視的是什麼？

(A)博學多聞
(B)持之以恆
(C)學思並重
(D)融會貫通 *

2. 閱讀下詞，並判斷何者的說明較正確？

明月別枝驚鵲，清風半夜鳴蟬，稻花香裡說豐年，聽取蛙聲

一片。　七八個星天外，兩三點雨山前，舊時茆店社林

邊，路轉溪橋忽見。

(A)「鳴蟬」、「蛙聲」是代表春天的特色
(B)上半闋多從聽覺描述，下半闋則寫視覺效果 *
(C)「兩三點雨山前」是寫山雨欲來風滿樓的情境

(D)最後兩句是作者想像之境，屬虛寫

3.閱讀下詩，並推斷它的敘寫順序？

> 攀條折其榮，將以遺所思。馨香盈懷袖，路遠莫致之。此物
> 何足貢！但感別經時。

(A)由物而人而情*

(B)由人而情而物

(C)由情而物而人

(D)由物而情而人

4.閱讀下詩，並推斷何者的說明較正確？

> 月落烏啼霜滿天，江楓漁火對愁眠。姑蘇城外寒山寺，夜半
> 鐘聲到客船。

(A)這是一首律詩

(B)一、二句是對偶

(C)這是一首絕句*

(D)每句都押韻

5.閱讀下文，並推斷有關文章的說明，何者正確？

> 山不在高，有仙則名；水不在深，有龍則靈；斯是陋室，惟
> 吾德馨。苔痕上階綠，草色入簾青。談笑有鴻儒，往來無白
> 丁。可以調素琴，閱金經。無絲竹之亂耳，無案牘之勞形。
> 南陽諸葛廬，西蜀子雲亭。孔子云：「何陋之有？」

(A)不押韻的銘文

(B)「惟吾德馨」是全文的重點*

(C)作者以「山」、「水」來譬喻自己

(D)作者自比諸葛亮、揚雄，有恃才傲物的意味

四、說明段落關係

題型一

1. 閱讀下文，並推斷黃媽慶的作品取材，可與下列何者相映
襯？（921）

　　黃媽慶是藝文界譽為三冠王的藝術家，其作品題材多數來自
於他生活周邊的事物，如蔬菜、瓜果、花卉、昆蟲等。創作
風格寫實且具個人特色，其木雕特色在於保持原來樸實無華
的本質。

(A)好鳥枝頭亦朋友，落花流水皆文章＊

(B)不經一番寒徹骨，焉得梅花撲鼻香

(C)不逢大將材難用，唯有伯樂識良駒

(D)今人不見古時月，今月曾經照古人

2. 江雨霏霏江草淵，六朝如夢鳥空啼。無情最是臺城柳，依舊
煙籠十里堤。

　　這是一首詠史詩，下列何者所抒發的情感與此詩相近？（922）

(A)吳宮花草埋幽徑，晉代衣冠成古丘＊

(B)江山代有才人出，各領風騷數百年

(C)風蕭蕭兮易水寒，壯士一去兮不復返

(D)人生自古誰無死，留取丹心照汗青

【說明】

此單元是評量學生理解段落涵義進而分析段落間共同特色的能力。學生不僅需要理解，還須具備分析、統整的能力。

題型一 判斷段落間的共同特色。

乙、自己動手做

題型一

1. 閱讀下文，並推斷選項所描寫的思念之情，何者與詩中的「你」最接近？

> 你底心如小小的寂寞的城／恰如青石的街道向晚／跫音不響，三月的春帷不揭／你底心是小小的窗扉緊掩

(A)回樂峰前沙似雪，受降城下月如霜。不知何處吹蘆管，一夜征人盡望鄉

(B)玉戶簾中卷不去，擣衣砧上拂還來。此時相望不相聞，願逐月華流照君＊

(C)四月南風大麥黃，棗花未落桐葉長。青山朝別暮還見，嘶馬出門思舊鄉

(D)故人西辭黃鶴樓，煙花三月下揚州。孤帆遠影碧空盡，唯見長江天際流

（第四節）

說明正確文化常識

一、推測重要人物

甲、基測試題

題型一

1. 大江東去，浪濤騰躍成千古／太陽昇火，月亮沉珠／那一波
是捉月人？／那一波是溺水大大夫？／赤壁下，人弔聲蘇猶
似聲蘇在弔古

   這首新詩中提到的人物有哪些？（901）

   (A)嫦娥、屈原、曹操

   (B)嫦娥、杜甫、蘇軾

   (C)李白、杜甫、曹操

   (D)李白、屈原、蘇軾＊

   【說明】

   此單元是評量學生理解資料內容，進而能推測該內容所涉及
   的重要歷史或文學人物的能力。

   題型一　正確辨識資料指涉的人物。

乙、自己動作做

題型一

1. 閱讀下列輓聯，並推斷它悼念何人？

    豪情跌宕，文采風流，新月新詩廣陵散；逸興遄飛，黃泉碧落，奇人奇死破天荒

    (A)杜甫
    (B)徐志摩＊
    (C)蘇軾
    (D)白居易

2. 根據你對「李白」的認識，下列敘述，何者<u>不適合</u>形容他？
    (A)君愛身後名，我愛眼前酒，飲酒眼前樂，虛名何復有
    (B)我在燈下搜集黑暗，並用脆弱的思維－釣魚，悠游而過的蠹魚問我：「你到底快不快樂啊」＊
    (C)酒入豪腸，七分釀成了月光，餘下的三分嘯成劍氣，繡口一吐就半個盛唐
    (D)你原本是一朵好看的青蓮，腳在泥中，頭頂藍天

題型二

1. 下列詩人，何者出生的年代距離我們現在最近？
    (A)蘇軾＊
    (B)杜甫
    (C)陶潛

(D)李白

【說明】

此題型為判斷人物時代。

二、推測重要典籍

甲、基測試題

題型一

1. 阿明某日誤闖時光隧道回到元朝，下列哪一本書是他最<u>不可</u>
   <u>能</u>看到的？（922）
   (A)司馬遷的《史記》
   (B)周邦彥的《片玉詞》
   (C)杜甫的《杜工部集》
   (D)羅貫中的《三國演義》＊

【說明】

此單元是評量學生理解資料內容，進而推測內容涉及之重要
典籍的能力，或利用書籍基本知識，判斷其時代或特色。
題型一　判斷重要書籍時代。

乙、自己動手做

題型一

1. 下列名著，何者的創作年代距離我們最遠？

   (A)《世說新語》 *

   (B)《三國演義》

   (C)《儒林外史》

   (D)《老殘遊記》

題型二

1. 下列小說，何者是以讀書人的「無恥墮落」為描寫重點？

   (A)《三國演義》

   (B)《世說新語》

   (C)《老殘遊記》

   (D)《儒林外史》 *

2. 從「瑤琴三尺勝雄師，諸葛西城退敵時」一句嘗試推斷出自

   何書？

   (A)《儒林外史》

   (B)《三國演義》 *

   (C)《世說新語》

   (D)《老殘遊記》

3. 閱讀下文，並推斷它是描寫哪本小說的情節？

只因阿瞞一時大意

才把東臨碣石的遺篇

失落在赤壁之外

一任大火燒紅滔滔江水

燒成鼎足而立的天下

(A)《西遊記》

(B)《水滸傳》

(C)《三國演義》＊

(D)《七俠五義》

【說明】

題型二　為判斷典籍內容，基測未見，但頗富創意，多注意。

三、推測重要史事、節慶

甲、基測試題

題型一

1. 下列描繪節慶景象的詩句，何者所對應的節日正確？（911）

　　(A)爆竹聲中歲又除，頓回和氣滿寰區。春風解綠江南樹，不與人間染白鬚／元宵

　　(B)鼓聲三下紅旗開，兩龍躍出浮水來。棹影斡波發萬劍，鼓聲

劈浪鳴千雷／端午＊

(C)有燈無月不娛人，有月無燈不算春。春到人間人似玉，燈繞
月下月如銀／中秋

(D)暮雲收盡溢清寒，銀漢無聲轉玉盤。此生此夜不長好，明年
明月何處看／七夕

【寰區：全國、全天下。棹：船槳。斡：運轉、旋轉。銀漢：銀河】

2. 春節祭祖，清明掃墓。這些習俗表達了何種意義？（922）

(A)死別已吞聲，生別長惻惻

(B)但願人長久，千里共嬋娟

(C)落其實者思其樹，飲其流者懷其源＊

(D)獨在異鄉為異客，每逢佳節倍思親

【說明】

此單元評量學生辨識資料相關史事或節慶意義的能力。

題型一　為辨識節慶特徵或意義。

乙、自己動手做

題型一

1. 閱讀下詩，並推斷它與哪個節日較有關？

老兔寒蟾泣天色，雲樓半開壁斜白。玉輪軋露濕團光，鸞珮
相逢桂香陌。

(A)中秋＊

(B)端午

(C)重陽

(D)新年

2.下列詩句,何者屬於臘月的感懷?

(A)行到水窮處,坐看雲起時

(B)白髮催年老,青陽逼歲除＊

(C)山寒江冷丹楓落,爭渡行人簇晚沙

(D)艱難苦恨繁霜鬢,潦倒新停濁酒杯

四、推測六書及部首

甲、基測試題

題型一

1.「月落烏啼」這四個字,包含了「六書」中的哪幾種造字方法?(911)

(A)象形、會意

(B)指事、會意

(C)指事、形聲

(D)象形、形聲＊

題型二

1.阿芬要使用按部首編排的辭典查閱「嵬峨」的詞義,她所採

取的步驟如下，何者<u>錯誤</u>？（901）

(A)步驟一：把「嵬」字拆成「山」、「鬼」兩個部分

(B)步驟二：找「鬼」部，查不到「嵬」字，故可確定「嵬」字的部首應是「山」部

(C)步驟三：「嵬」字是十三畫，故在山部十三畫的地方可找到「嵬」字＊

(D)步驟四：在「嵬」字收錄的詞目中，尋找「嵬峨」的詞義

【說明】

此單元評量學生判斷文字造字法及部首分類的能力。

題型一　判斷文字的造字法。

題型二　判斷文字的部首。

乙、自己動手做

題型一

1.閱讀下文，並推斷「」應填何者最恰當？

「鼎」的原始字形有「」或「」，畫的就是古人所用的深底鍋，所以在「六書」上屬於「甲」，成語「三足鼎立」反映了這種深底鍋是帶腳的，以方便在鍋底升火。

(A)象形＊

(B)指事

(C)會意

(D)形聲

題型二

1.「請問是哪個『ㄨㄢˇ』」?「是『女』字邊的『婉』」。

　　上述對話,以提示部首,確定字形。

　　下列選項,何者的提示<u>不是</u>該字的部首?

　　(A)「艸」字頭的「黃」*

　　(B)「竹」字頭的「簫」

　　(C)提「手」旁的「揚」

　　(D)三點「水」的「江」

【說明】

題型一、二的試題設計較基測靈活,老師宜多留意。

應用能力評量

　　應用指學生面對新問題時，能正確應用其抽象性，而不須給予任何提示。由於認知學習的過程重在將抽象知識應用於實際生活的問題情境，因此學校教育的成效，實取決於學生在情境應用中的表現。而學生在學習過程中，理解一種抽象知識，並不能確定學生能正確地應用它，因此必須教導他們處理問題的方法及發展正確的自信與自我控制的能力，才能使應用的學習更為有效。由於應用能力的學習非常重要，因此評量時應注意測驗情境必須是新的，或含有新元素的舊有抽象情境。在國語文教學當中，應用的範圍包括運用語法、修辭法、寫作法表現、應用文格式四部份。

　　基測對國文科有關應用能力的要求為：

壹、運用正確語法知識

　　一、運用複詞知識

　　二、運用詞類知識

　　三、運用詞類活用知識

　　四、運用正確語詞結構知識

　　五、運用簡句知識

　　六、運用複句知識

貳、運用正確修辭法知識

　　一、運用各種修辭法知識

　　二、運用各種寫作技巧知識

參、運用正確寫作表現法

　　一、運用正確語詞

　　二、運用正確句子

　　三、運用正確段落

　　四、運用正確資料整理法

　　五、運用正確標點符號法

肆、運用正確應用文格式

　　一、運用書信格式

　　二、運用柬帖格式

　　三、運用對聯格式

　　四、運用題辭格式

基測對以上四種能力的配題大致為語法知識 6 題，修辭知識 3
題，寫作表現法 3 題，應用文格式 2 題。其中語法知識為命題
重點宜多注意，而寫作表現法則為語文表達的命題重點，應多加
注意。

運用正確語法知識

一、運用複詞知識

(一)衍聲複詞

甲、基測試題

題型一

1. 下列文字「　」中的疊字，何者與聲音有關？（922）

(A)這朝來水「溶溶」的大道

(B)昆蟲在山間來去「翩翩」

(C)長途車駛過「纍纍」的河床

(D)林叢的舞樂與「泠泠」的流歌＊

題型二

1.「徜徉」、「琵琶」等詞，必須兩字相連才具備完整意思。下列文句「」的詞語，何者不屬於此類？

(A)道旁樹林的陰影在他們于徐的「婆娑」裡暗示舞蹈的快樂

(B)我只分付軍匠人等，教他故意「遲延」，凡應用物件都不與齊備＊

(C)他的心裡永遠在寧靜中保持澄明，不會為外界的風雨而「踟躕」徘徊

(D)無可奈何花落去，似曾相似燕歸來，小園香徑獨「徘徊」

2.「天地」一詞中，「天」、「地」均能單獨成詞，表達意義。下列何者與此相同？（901）

(A)蝴蝶

(B)蜜蜂＊

(C)蜻蜓

(D)螳螂

3.閱讀下文，並判斷畫線處的詞，何者拆開後仍各自成詞，且意義不同?（911）

自從那天在阡陌交織的田中，偶然邂逅一群悠遊於朦朧
　　　　　　　　甲　　　　　　　　　　　乙

夜色的美麗螢火蟲引吭高歌的蟋蟀。讀書一向囫圇吞棗的
<u>丙</u>
他，開始認真的閱讀相關資料，想要更了解那群提燈的小精
<u>丁</u>
靈與夜間音樂家。」

(A)甲＊

(B)乙

(C)丙

(D)丁

4. 下列文句「」中的詞。何者改成單詞後，意思相同？（921）

(A)小毛到野外郊遊，不小心踩到「螞蟻」窩→蟻＊

(B)昨天我們到「蝴蝶」谷，觀賞美麗的風景→蝶

(C)棚架爬滿「葡萄」藤，也掛著串串的果實→葡

(D)老吳擅長國樂，昨天為家彈奏「琵琶」→琵

【說明】

此單元是評量學生對衍聲複詞的辨識能力。衍聲複詞常見的
基本知識為分辨雙聲、疊韻、衍聲複詞、疊字等內容。

題型一　為疊字的辨識。

題型二　為衍聲複詞的辨識。

乙、自己動手做

題型一

1. 下列文句「」的疊字，何者<u>不可用</u>來形容聲音？

(A)我「達達」的馬蹄是美麗的錯誤

(B)猿鳴至清，山谷傳響，「泠泠」不絕

(C)我有點愧报，「訕訕」地說：收著呢＊

(D)外祖母點起一炷香，「喃喃」地禱告

2. 下列疊詞，何者用來描寫聲音之美？

(A)漠漠水田飛白鷺，陰陰夏木囀黃鸝

(B)無邊落木蕭蕭下，不盡長江滾滾來＊

(C)迢迢綠樹江天曉，靄靄紅霞海日晴

(D)見楊柳飛綿滾滾，對桃花醉臉醺醺

題型二

1. 下列語詞何者具有「疊韻」的關係？

(A)窈窕＊

(B)社稷

(C)刨冰

(D)國族

【說明】

題型三 為雙聲疊韻的辨識，此題型基測尚未命題，但為複詞語法的學習重點，宜多加留意。

(二)合義複詞

題型一

1. 將「必須」二字拆開，分別加上「不」字，成為「不必」、「不須」，都和原詞「必須」的意義相反。下列何者與此相同？（902）
   (A)容易／不容；不易
   (B)能夠／不能；不夠
   (C)應該／不應；不該＊
   (D)生氣／不生；不氣

題型二

1.「戰士軍前半死生，美人帳下猶歌舞」中的「死生」只有「死」的意思。下列文句「」中的語詞，何者用法與此相同？（922）
   (A)他們的「恩怨」太深，所以常起衝突＊
   (B)你這樣的做法，未免太不知「好歹」
   (C)世態炎涼，如人飲水，「冷暖」自知
   (D)這件事的「是非」曲直，仍無人知曉

【說明】

此單元是評量學生辨識合義複詞的能力。

題型一　評量詞義拆解的辨識。

題型二　評量偏義詞的辨識。

乙、自己動手做

題型一

1.將「理睬」二字拆開，分別加上「不」字，成為「不理」、「不睬」，都和原詞「理睬」的意義相反。下列何者與此相同？

(A)高興／不高；不興

(B)買賣／不買；不賣

(C)多少／不多；不少

(D)折扣／不折；不扣＊

2.下列詞語拆開後，何者字義兩兩相似？

(A)慘淡

(B)蕭條

(C)寂寞

(D)蘢蔥＊

題型二

1.「此誠危急存亡之秋也」中，「存亡」取亡的意思，存只是配字。下列畫線語詞的「」，何者是該語詞的配字？

(A)生子不生男，「緩」急無可使者＊

(B)猩猩能言，不離禽「獸」

(C)判斷是非的標準，不應有「異」同

(D)聽音樂可以暢快我們的「耳」目

2.下列「」中的詞語，何者只取兩種字義中的一種？

(A)曾不吝情「去留」*

(B)忘懷「得失」

(C)廷尉，天下之平也，一傾而天下用法皆為「輕重」

(D)天下事有「難易」乎

二、運用詞類知識

甲、基測試題

題型一

1.下列各組「」中的字，何者詞性相同？（901）

(A)孔子說：生，於我乎「館」／請問這兒是李公「館」嗎

(B)「淑」世是孔子的理想／被愛沖昏頭的你，當心遇人不「淑」

(C)遲到的我，只能「白」瞪著眼，看火車離開／再怎麼勸他，也是「白」費力氣*

(D)他說完了這句格言，就「絕」了氣／我「絕」不答應你的要求，別打如意算盤了

2.下列各選項「」中的文句，何者詞性兩兩相同？（911）

(A)讓我們盡情「享受」美麗的人生／一流的設施提供旅客最佳的「享受」

(B)事情被揭穿後，他的「反應」很激烈／若有疑問，請向本單位「反應」

(C)綠化環境需要你我共同「參與」／阿健「參與」了這次旅遊
　　路線的設計＊

(D)孔孟思想深深「影響」著我們／因為這次旱災的「影響」，
　　蔬菜產量銳減

3.下列「」中語詞的詞性，何者前後都相同？（912）

(A)「自由」選擇工作，是憲法賦予我們每個人的「自由」

(B)「規劃」一次環球旅遊，一直是他人生中最重要的「規劃」

(C)「說明」書上的「說明」，可指導我們學會新產品的使用方
　　法

(D)他的「綽號」小Z，是因為老是打瞌睡，所以得到這個「綽
　　號」＊

4.下列各組「」中的字，那一組詞性前後相同？（921）

(A)我將他給我的紫色毛衣「鋪」好座位／他在一個錢「鋪」裡
　　做夥計

(B)「極」其言，茲若人之儔乎／要革除一種惡習，便須下「極」
　　大的決心

(C)再向外看時，他已抱著橘子「望」回走了／他能從這扇門
　　「望」見日出美景

(D)有人力爭上游；有人「卻」自甘墮落／這「卻」不然，責任
　　要解除了才沒有＊

題型二

1.「待到重陽日，還來就菊花」，句中「還」字的詞性與下列何

者相同？（902）

(A)「明」月松間照

(B)把「酒」話桑麻

(C)白日依山「盡」

(D)「但」使願無違＊

2. 下列「」中的語詞，何者的詞性與「他經常遲到」的「經常」
相同？（912）

(A)各候選人「大肆」抨擊執政黨的新政策＊

(B)演講時，態度宜「從容」，音量宜適中

(C)你要是再不「用功」，可就大禍臨頭了

(D)他的「作風」一向強硬，令人難以忍受

3.「陶侃有一次拿公物孝敬母親，陶母對他說：『汝為吏，以
官物見餉，非唯不益，乃增吾憂也。』」上文中，「見餉」的
見字為代詞性助詞，代稱「我」，故「見餉」即「餉我」。
下列文句中的「見」字，何者也屬於這種用法？（921）

(A)四處流浪，增廣「見」聞

(B)招待不周，請多「見」諒＊

(C)閣下所言，何以「見」得

(D)論點切要，「見」地不凡

4. 下列各句「」中的詞語，何者的詞性與其他三者<u>不同</u>？（911）

(A)喝一口「冰冰涼涼」的井水

(B)她有一張「白白淨淨」的臉

(C)他「急急忙忙」的跑走了＊

(D)踏著「整整齊齊」的步伐

【說明】

此單元是評量學生辨識或判斷語詞詞性的能力，為語法的教學重點，宜多加注意。

題型一　辨識語詞詞性。

題型二　判斷語詞詞性。題目2、3，命題技巧靈活，宜多注意。

乙、自己動手做

題型一

1. 下列各文句「」的詞性，何者兩兩相同？

(A)中秋夜我們到秀姑巒溪「泛舟」／「泛舟」是一種有益健康的活動

(B)客服部門應重視顧客的「反映」／媒體應該「反映」民眾對公共事務的意見

(C)模特兒穿著「時髦」的服裝走上伸展台／趕「時髦」往往讓荷包大失血

(D)大家強烈「懷疑」他就是兇手／警察「懷疑」她有吸毒的習慣＊

題型二

1. 「很高」、「極高」、「非常高」中的「很」、「極」、「非常」，都用來修飾形容詞「高」，表示「高」的程度。下列文句「」語詞，何者<u>不屬於</u>這種用法？

(A)這張海報誰畫的？遜「斃」了

(B)這次國文段考，全班成績「爆」低的

(C)他上籃的動作，真的是帥「呆」了

(D)你們班那隻北極熊，講的笑話超「冷」＊

2. 「美景盡收眼底」的「盡」，用來修飾動詞「收」，表示範圍。下列文句「」內的語詞，何者的用法相同？

(A)我不會忘記與你共度的時光，而且會「一直」記得

(B)他的成績「一向」很好，為什麼這回段考好幾科不及格

(C)飆車或許很過癮，可是「一旦」發生事故，後悔就來不及了

(D)只怕畢了業便和學問告辭，把所有經管學問的器官「一齊」打落＊

【說明】

題目1、2，命題技巧靈活，可多注意。

三、運用詞類活用知識

甲、基測試題

題型一

1.「國文老師的服飾很中國」，句中的「中國」原是名詞，但是前面用程度副詞「很」加以修飾後，變成了形容詞。下列「」中的詞語，何者的用法與此相同？（901）
   (A)她很「寶貝」自己的衣服
   (B)班長的行為非常「商人」*
   (C)小文在學校總是很「惡劣」
   (D)我對他的印象非常「深刻」

2.下列文句「」中的字詞，何者分別作名詞與動詞使用？（921）
   (A)在得眼「翳」病期間，他總用帽子將眼「翳」住，羞於被人看見，直到遇見那一群勇於面對命運挑戰的殘障孩子*
   (B)他「尤」注意那名失去雙腿的少女，在她的臉上，總掛著不怨天「尤」人的微笑
   (C)見到他，就好像徜徉在遼闊的「平」原上，他一顆煩躁的心，終於「平」靜了
   (D)「當」下，他決定將這女孩「當」做自己的榜樣，時時存著感激的心

3.「而今早已年過而立,自然不再是涎著臉要求母親摺紙船的年紀。」句中的「涎」字,由原來的名詞(口水)轉為動詞(流口水)使用。下列選項「」中的字,何者不屬於此類?(922)

(A)願為「市」鞍馬,從此替爺征

(B)捉蝦蟆,「鞭」數十,驅之別院

(C)生,於我乎「館」;死,於我乎殯

(D)揖讓而升,下而「飲」,其爭也君子*

【說明】

此單元評量學生判斷詞性活用的能力,為語法的教學重點,宜多注意。

題型一　判斷語詞的詞性活用。

乙、自己動手做

題型一

1.下列文句「　」的語詞,何者具有「形容詞轉為動詞」的情形?

(A)六月生產的手機很「中文」

(B)給我聲寶冷氣,我就有辦法「白」回來*

(C)你的鼻子只能呼吸人家呼吸過的「呼吸」

(D)那位女子的長相、談吐,都是如此的「東方」

2.下列文句「」的詞性,何者不是「名詞轉為動詞」?

(A)問答未及已，驅兒「羅」酒漿

(B)晚來天欲「雪」，能飲一杯無

(C)數聲漁「笛」蘋洲，幾點昏鴉斷柳＊

(D)「侶」魚蝦而「友」麋鹿

四、運用語詞結構知識

甲、基測試題

題型一

1.「青山綠水」這個詞語是由「形容詞＋名詞＋形容詞＋名詞」
  所構成，下列何者也是相同結構？（921）
  (A)斷枝殘幹＊
  (B)夙興夜寐
  (C)怒髮衝冠
  (D)山高水長

2.「海闊天空」一詞的結構是「名詞＋形容詞＋名詞＋形容
  詞」。下列成語，何者也是這樣的結構？（922）
  (A)鳶飛魚躍
  (B)敬業樂群
  (C)進德修業
  (D)理直氣壯＊

【說明】

此單元是評量學生判斷語詞結構有關詞類結構的能力。

題型一　判斷語詞結構的詞類結構。

乙、自己動手做

題型一

1. 下列成語的詞語結構，何者兩兩相同？
   (A)落花流水／山明水秀
   (B)手忙腳亂／膽戰心驚＊
   (C)先憂後樂／有勇無謀
   (D)避重就輕／寧缺毋濫

題型二

1. 「魂牽夢縈」是由魂牽、夢縈兩個同義詞所組成。下列成語，何者也屬於這種詞語結構？
   (A)物換星移＊
   (B)噤聲躡足
   (C)焚膏繼晷
   (D)明知故犯

【說明】

題型二　為語詞結構的新內容，其他如因果、目的、並列等
　　　　關係，亦可編為試題。

五、運用簡句知識

㈠簡句句式

甲、基測試題

題型一

1.「居里夫人是一位科學家」是「主語＋斷語」構成的判斷
　句。下列各句，從句型上說，何者也屬於判斷句？（901）
　⑷天下無不是的父母
　⑻他最近迷上武俠小說
　⑹湛藍的海低低地呼喚著
　⑼自信心才是成功的基石＊

2.「天下沒有白吃的午餐」是「有無句」。下列何者也是「有無
　句」？（902）
　⑷沒有人肯跟他講話
　⑻他有一顆善良的心＊

(C)有恆為成功之本

(D)有志者事竟成

3.「秋天是迷人的季節」是判斷句。下列何者<u>不是</u>判斷句？
（911）

(A)美是心中有愛

(B)他總是笑口常開＊

(C)她是全班同學的最愛

(D)有恆是成功的不二法門

4.「我愛你」的結構是「主語＋述語＋賓語」。下列何句的結構與
此相同？（912）

(A)月光多麼皎潔明亮

(B)微風輕輕地吹拂著

(C)早起的母親推開窗戶＊

(D)夏夜的景色真是美極了

5.「尊重別人的權利」是省略「主語」的敘事句。下列何者也
是這種句型？（921）

(A)春光明媚

(B)人生如夢

(C)注意安全＊

(D)精神飽滿

6.「治療失敗最好的方法就是再試一下」是「主語＋繫詞＋斷語」

的句型,下列何者與此相同?(922)

(A)這事是非曲折得弄清楚

(B)請別老是站在那兒不動

(C)他是否缺席要確定一下

(D)人的本性是善惡摻雜的＊

【說明】

此單元是評量學生斷簡句各種句式的能力。

題型一　判斷簡句的各種句式。

乙、自己動手做

題型一

1.「音樂悅耳」中,音樂是主語,悅耳是謂語,這種句子結構
　叫做表態句。下列文句何者不是表態句?

　(A)寬裕無盡＊

　(B)色彩繽紛

　(C)內心煩亂

　(D)社會富裕

2.「我是孤獨的過客」是判斷句,下列文句何者不是判斷句?

　(A)我乃張飛也

　(B)燈塔是船隻的守護神

　(C)你是否有空＊

(D)這是對諸位的一點貢獻

㈡句法結構

甲、基測試題

題型一

1. 用來描述主語的性質或狀態的叫「表語」，下列「」中的詞
   語，何者是表語？（901）

   (A)成功的刻石上，不能沒有「我的名字」

   (B)「我」是天空裡的一片雲

   (C)他實在太「自我」了＊

   (D)你會記得「我們」嗎

2. 下列各選項「」中的部分，何者<u>不是</u>該句的主語？（902）

   (A)「問題」已浮現在檯面了

   (B)「他們」簡直是無法無天

   (C)「屋頂」上的雨水滴落下來＊

   (D)「教育」是孔子心愛的職業

【說明】

此單元是評量學生判斷句法結構的能力，句法結構常見的有
主語、表語、述語及謂語。

題型一　判斷句子的句法結構。

乙、自己動手做

題型一

1. 下列文句的「」，何者是該句的主語？

　(A)荷鋤的「老農」愉快的自暮色走來＊

　(B)「瞇著眼」穿針引線想綴補失落青春的是老祖母

　(C)人去樓空的庭院是「流浪狗」的世外桃源

　(D)「夕陽」的餘暉照射在傾頹的屋瓦上

題型二

1. 下列詩句何者與「風鳴兩岸葉，月照一孤舟」的句法結構相同？

　(A)功蓋三分國，名成八陣圖＊

　(B)夜雨翦春韭，新炊間黃粱

　(C)倚仗柴門外，臨風聽暮蟬

　(D)採菊東籬下，悠然見南山

2. 「雞聲茅店月，人跡板橋霜」的句法結構，全用名詞，羅列視覺及聽覺的意象，表現遊子的羈愁旅思。下列文句，何者使用相同的句法結構？

　(A)風鳴兩岸葉，月照一孤舟

　(B)鳥聲梅店雨，野色柳橋春＊

　(C)大漠孤煙直，長河落日圓

　(D)渡頭餘落日，墟里上孤煙

題型三

1.閱讀下文，並依序為「」選擇恰當的主語。

釋之治問。曰:『縣人來，聞蹕，匿橋下。久之，「　」以
為「　」行已過，即出，見乘輿車騎「　」即走耳。

(A)縣人、皇上、縣人＊

(B)縣人、皇上、皇上

(C)皇上、縣人、皇上

(D)皇上、皇上、縣人

2.閱讀下文，並判斷「」的主語應填何者較恰當？

「1」困於心，「2」衡於慮，「3」而後作;「4」徵於色，「5」
發於聲，「6」而後喻。

(A)(1)(2)(4)(5)的主語是「他人」，(3)(6)的主語是「自己」

(B)(1)(2)(4)(5)的主語是「自己」，(3)(6)的主語是「他人」

(C)(1)(2)(3)(6)的主語是「自己」，(4)(5)的主語是「他人」＊

(D)(3)(4)(5)(6)的主語是「自己」，(1)(2)的主語是「他人」

【說明】

題型二　基測尚未出現類似試題，但此為句法結構的靈活運
用，可多留意。

題型三　基測尚未出現相似試題，但此為省略句法的題型，
可多留意。

㈢句式變換

甲、基測試題

題型一

1. 下列各選項「」中的意思，經調整之後，何者意思<u>改</u>變了？
   (A)這件事「何難之有」／有何難
   (B)「久違了，故人」／故人，久違了
   (C)這事辦不成，「一切唯你是問」／一切唯問你
   (D)「世界難道不是一個舞台嗎」／舞台難道不是一個世界嗎＊

2. 下列選項，何者前後兩句的意義<u>不同</u>？
   (A)歷經千辛萬苦，我好容易才完成任務／歷經千辛萬苦，我好不容易才完成任務
   (B)放榜了，我差一點沒考上高中／放榜了，我差一點就考上高中＊
   (C)別哭，這點小傷有什麼關係／別哭，這點小傷沒什麼關係
   (D)號外，中華隊大勝美國隊／號外，中華隊大敗美國隊

3. 下列各選項，何者前後兩句文意相同？（902）
   (A)人人為我／我為人人
   (B)美玉出藍田／藍田出美玉＊
   (C)你是我的最愛／你最愛的是我
   (D)張將軍屢戰屢敗／張將軍屢敗屢戰

4.下列文句,哪一組意思前後相同?(921)

(A)喝酒後絕不開車／開車後絕不喝酒

(B)人才來自各方／人才自各方來＊

(C)反守為攻／反攻為守

(D)百戰百勝／百勝百戰

題型二

1.下列選項改寫後,何者的意思和原意<u>不一樣</u>?(902)

(A)酣觴賦詩,以樂其志／以酣觴賦詩樂其志

(B)南面再拜就死／再拜,就死南面＊

(C)甚矣!汝之不慧／汝之不慧甚矣

(D)僧之富者不能至／富僧不能至

【說明】

此單元評量學生辨識句式變化及句子涵義是否相同的能力。

題型一　辨識白話文句式變化的句義。

題型二　辨識文言文句式變化的句義。

乙、自己動手做

題型一

1.下列表達比賽「勝利」的說法有幾個?

(甲)中華隊大勝日本隊　(乙)美國隊大敗丹麥隊　(丙)英國隊不

敵法國隊　(丁)阿里郎擊退桃太郎　(戊)伊朗隊飲恨足壇

(己)山姆大叔笑傲巴黎

(A)六個

(B)五個

(C)四個＊

(D)三個

2.下列文句，更動順序後，何者的意思改變了？

　(A)去過台北三次／去過三次台北

　(B)世界的屋脊西藏／西藏，世界的屋脊

　(C)你住的小島我正思念／我正思念你住的小島

　(D)我都得感謝我的慈母／我的慈母都得感謝我＊

3.「恍然，握一枚燙手的銅幣，在掌心」一句，正確的敘述是
　「恍然，在掌心，握一枚燙手的銅幣。」下列各句，何者的敘
　述順序也是顛倒的？

　(A)道狹草木長，夕露沾我衣。衣沾不足惜，但使願無違

　(B)大海萬頃的波浪，戴著各式的白帽，在日光裡動盪著，起落
　　著，是美

　(C)我心頭頓時感著神異性的壓迫，我真的跪下了，對著這冉冉
　　漸隱的金光＊

　(D)事親者，居上不驕，為下不亂，在醜不爭

題型二

1.下列文句，更動順序後，何者的意思改變了？

　(A)吾道一以貫之／吾道以一貫之

(B)生，事之以禮／生，以禮事之

(C)子何恃而往／子恃何而往

(D)一室不治，何以天下國家為／一室不治，以天下國家為何＊

(四)被動

甲、基測試題

題型一

1.「甲敗於乙」是說甲被乙打敗。下列各選項的「於」字，何者也屬於這種用法？（912）

(A)不戚戚「於」貧賤，不汲汲於富貴

(B)今法如此而更重之，是法不信「於」民也＊

(C)舜發「於」畎畝之中，傅說舉於版築之間

(D)得志，澤加「於」民；不得志修身見於世

【說明】

此單元是評量學生判斷被動句式的能力。

題型一　判斷文言文被動句式。

乙、自己動手做

題型一

1.《史記》〈項羽本紀〉：「吾聞先即制人，後則為人所制。」

句中的「為」字與下列何者的「給」字用法、意義皆相同？

(A)你「給」我過來

(B)誰知道那孩子又會「給」狼啣去呢*

(C)妳跟我講小的在哭，我「給」妳說管他去哭

(D)這隻手鐲，是你小時回來那次，太太「給」我的

2. 下列文句，何者使用「被動式」的句法？

(A)百姓之不見保，為不用恩焉*

(B)家有敝帚，享之千金

(C)生於憂患死於安樂

(D)古人目短於自見，故以鏡觀面

題型二

1. 下列文句，加了「把」字，何者的意思改變了？

(A)我一伸手抓住了她／我一伸手把她抓住了

(B)她化解我們對數學的恐懼／她把我們化解對數學的恐懼*

(C)好運可以被我帶來／我可以把好運帶來

(D)池邊的水鳥被槍聲驚醒／槍聲把池邊的水鳥驚醒

【說明】

試題1為被動與主動句式更替的應用，基測雖尚未命題，但為被動語法的學習重點，可多注意。

六、運用正確複句知識

甲、基測試題

未見

【說明】

此單元是評量學生判斷複句各種關係的能力，基測目前未見評量此能力試題，但未來極有可能出現，老師可多注意。

乙、自己動手做

題型一

1. 下列文句，何者<u>沒有</u>相互比較的關係？

　(A)不自由，毋寧死

　(B)陶侃之賢，且惜分陰；又況賢聖不如彼者乎

　(C)唯其義盡，所以仁至＊

　(D)其說是他的功業，還不如說因為他的偉大人格。

2. 下列文句，何者<u>沒有</u>說明「因果」的關係？

　(A)人與人偶有摩擦，往往都是由於缺乏那份雅量的緣故；因
　　此，為了減少摩擦，增進和諧，我們必須努力培養雅量

　(B)每個人都應該盡量去認識新朋友，因為朋友能擴大自己的生

活領域，使我們更認識這個世界

(C)朋友能增長你的知識，擴充你的生活經驗，所以朋友真像是
一本一本的好書

(D)在大家的關心下，有人懂得力爭上游，以不辜負期許；有人
卻喪失了自主的能力，只一味喜歡在庇蔭下生活＊

運用正確修辭法知識

一、運用各種修辭法知識

㈠譬喻法

甲、基測試題

題型一

1.「紅紅的玫瑰花園，有如興旺的火海，充滿了春天的氣息」，
是用了「譬喻」的修辭法。下列哪一項也使用了「譬喻」的
修辭技巧？（902）

(A)看！粗大合抱的樹幹，株株頂天立地，令人油然生敬

(B)憂愁是一道藩籬，阻絕了人與許多美麗事物的結緣＊

(C)秋天到了，有的樹開始落葉，為將來的冬天而嘆息

(D)鄉村是舒適寧靜的，而都市是繁華熱鬧的

題型二

1. 下列各選項，何者所使用的修辭法和其他三者<u>不同</u>？（912）

　(A)爸爸是我幼年的玩伴＊

　(B)鬧鐘是都市裡的公雞

　(C)窗戶是房間的眼睛

　(D)椅子是騎不動的馬

【說明】

此單元是評量學生辨識譬喻修辭法的能力。

題型一　辨識譬喻修辭法。

題型二　辨識譬喻與判斷句的區分。此題型包括兩種能力的
　　　　評量，試題設計靈活，可多注意。可設計相似題型
　　　　讓學生分辨二者及區別。

乙、自己動手做

題型一

1. 「生命是一個古怪的盒子」一句，把生命譬喻成盒子。下列
　文句，何者也採用「譬喻」的寫法？

　(A)車行過橋，你就可以看見在沙地上懶洋洋前進的淺河，忽然
　　沒來由地消失他們的尾巴

　(B)我們的同伴都在吸露，都在玩涼涼的雲

　(C)年近古稀的老榆，護定他青青的葉，似老年人想保存半生辛

　　苦貯蓄的家私*

(D)一大片望不到頭的草原，滿開了艷紅的罌粟

2.下列文句，有關鳥或鳥聲的描寫，何者<u>沒有</u>採用「譬喻」的
修辭技巧？

(A)雁像喪失親人般，在空中瘋了似地慘哭起來了

(B)那水鳥被人驚起，格格價飛*

(B) 杜鵑的叫聲，一聲急似一聲，竟是淒絕的哀樂

(D)一隻白鳥，貼著翅子像背著雙手，從金色陽光下走過

題型二

1.下列含有「是」字的詩句，何者使用了「譬喻」修辭法？

(A)我想媽媽從前／也是一個可愛的嬰孩

(B)是誰傳下這詩人的行業／黃昏裏掛起一盞燈

(C)稻田是整塊潤澤的綠玉鋪就／且鑲嵌大片純金色的陽光*

(D)只是一顆星罷了／在無邊的黑暗裡／已寫盡了宇宙的寂寞

㈡映襯法

甲、基測試題

題型一

1.「人無遠慮，必有近憂」中，用「遠」、「近」的對比，強調
思慮的重要，這是使用「映襯」的修辭技巧。下列何者也使
用了相同的修辭技巧？（901）

(A)多少西瓜，多少圓渾的希望

(B)路是無聲的語言，無形的文字

(C)知之者不如好之者，好之者不如樂之者

(D)寧可有光明的失敗，絕不要不榮譽的成功＊

2.「有運動家風度的人，寧可有光明的失敗，決不要不榮譽的成功，句中「光明的失敗」採用「映襯」的修辭技巧，下列何者不是使用這種手法？（912）

(A)天下每一個和樂的家庭，子女們都是爸媽「甜蜜的負荷」

(B)科學家所描繪的外星人，將會是地球人類「親愛的朋友」嗎＊

(C)他連續三天打破玻璃窗，所以只好硬著頭皮接受老師「溫柔的痛罵」

(D)鵝媽媽孵卵，不小心破殼冒出一隻醜小鴨，也真是個「美麗的錯誤」

3.一則廣告詞：「肝若不好，人生是黑白的；肝若顧得好，人生就是彩色的。」這段話使用了對比的「映襯」法。下列何者也使用相同的修辭法？（922）

(A)捐血一袋，救人一命

(B)鑽石恒久遠，一顆永流傳

(C)雖然我不認識你，但我還是謝謝你

(D)不在乎天長地久，只在乎曾經擁有＊

【說明】

此單元是評量學生判斷映襯修辭法的能力。

題型一　判斷映襯修辭法。

乙、自己動手做

題型一

1. 下列文句的「」，何者採用「映襯」的寫作技巧？

　(A)獨自走在深山裡，那「澎湃的寂靜」，從四方圍勦過來＊

　(B)唐吉訶德最大的興趣，就是追求「永恆的真實」

　(C)靜夜裡，只有老鐘擺的滴答聲伴我夜讀，它是我「不眠的友伴」

　(D)喝杯冰開水，解除暑熱，頓覺全身充滿「沁涼的喜悅」

題型二

1. 下列景物描寫，何者以聲音襯托四周的寧靜？

　(A)輕鰷出水，白鷗矯翼

　(B)深巷寒犬，吠聲如豹＊

　(C)輞水淪漣，與月上下

　(D)寒山遠火，明滅林外

2. 下列文句，何者以「有聲」來凸顯環境原有的寂靜？

　(A)蔭綠的雲影在微雨後的嫩綠草原上緩緩移動，一如山中時光

無聲的流淌

(B)煙霧在眼前飄飛輕舞，陽光篩透而過，亮光和淡影貼著草地
流動變化追逐

(C)雪塊滑落和碰撞的聲音則有如岩石的崩落，在冰冷謐靜的原
始森林間迴響＊

(D)草原上的某些氣味、聲響和色澤，一起在我的心中輕輕躍
動，在體內無聲的共鳴

【說明】

題型二　為映襯法的運用，基測尚未出現此類試題，但題轉
為映襯之教學重點，宜多注意。

⑸借代法

甲、基測試題

題型一

1. 大家正在看新聞，爸爸說：「這個男人的一生真是坎坷！」
小明說：「我知道，這叫紅顏薄命！」全家哄堂大笑。小明
用紅顏來代指男人，這是錯誤的用法。下列何者也犯了同樣
的錯誤？（921）

(A)「布衣」可至卿相→代指窮人＊

(B)無「絲竹」之亂耳→代指音樂

(C)化「干戈」為玉帛→代指戰爭

(D)鳥中之「曾參」→代指孝子

【說明】

此單元是評量學生判斷借代修辭法的能力。

題型一　判斷借代修辭法。

乙、自己動手做

題型一

1.「巾幗不讓鬚眉」中,以「巾幗」借代女子,以「鬚眉」借代男子。下列文句「　」的詞語,何者<u>未使用</u>相同的修辭技巧?
　(A)黃髮「垂髫」,並怡然自樂
　(B)談笑有鴻儒,往來無「白丁」 *
　(C)君慮周行果,非久於「布衣」者也
　(D)六軍不發無奈何,宛轉「蛾眉」馬前死

㈣轉化法

甲、基測試題

題型一

1.擬人法是將物比擬為人的修辭法。下列文句,何者<u>不屬於</u>「擬人」法?(902)

(A)假使海做出種種野蠻惡毒的事，那是因它無法控制自己

(B)大自然痛下毒手，發動土石流，向破壞生態的人類抗議

(C)走入溪頭，只見林木蔥蘢，泉水淙淙，彷彿是人間仙境＊

(D)桃花聽得入神，禁不住落了幾點粉淚，一片片凝在地上

2. 「愛熱鬧的克羅克斯」，是使用「與其本質截然不同」的擬人化詞彙來形容花木。下列哪一項使用了相同的修辭方法？（911）

(A)迎風搖曳的雛菊

(B)嬌艷欲滴的玫瑰

(C)枝繁葉茂的榕樹

(D)不屈不撓的松樹＊

3. 「秋，靜靜的徘徊，靜靜的徘徊，白雲為她抹粉黛，紅葉為她塗胭脂……」這段文字中「紅葉為她塗胭脂」所用的修辭法，與下列何者相同？（921）

(A)千百年來，沼澤被視為一無是處的地方

(B)秋樹使人想起志士，修竹使人想起隱者＊

(C)假日陽明山上遊人如織，大型遊覽巴士摩肩接踵而來

(D)看到灰面鷲優美的肢體動作，人們被震懾的無法喘氣

題型二

1. 用具體的描述來表達抽象的意念，可使文章更為生動。下列何者不屬於此類?（911）

(A)爸媽的關懷與呵護，為我們築成了一座堅不可摧的堡壘

(B)漫步在夕陽餘暈裏，晚景的溫存就這樣被我偷嘗了不少

(C)黃槐那豔麗耀眼的黃色花朵，在陽光下是一種龐大集團的色彩＊

(D)看著鳥兒高踞枝頭，臨風顧盼－好銳利的喜悅刺上我的心頭

2.創作時，若能將抽象的情感以具體的事物來表達，常能使讀者更能領略作品的內涵。下列文句對「痛苦」的描述，何者符合上述的寫作技巧？（922）

(A)小狗的眼睛流露出痛楚的神色，不斷絕望地搖晃著腦袋

(B)一日應盡的責任沒有到，到夜裡便會承受痛苦的折磨

(C)痛楚一次一次地加劇，初如針刺，次如電擊，再如刀割＊

(D)「痛苦會過去，美會留下。」無論多痛苦，他都不放棄

【說明】

此單元是評量學生判斷轉化修辭法的能力。轉化的類型可分為：將物比擬為人，將人比擬為物，將物比擬為物，將抽象比擬為具體等。其中最常見的是將物比擬為人及抽象比擬為具體二種。

題型一　判斷將物比擬為人的修辭法。

題型二　判斷將抽象比擬為具體的修辭法。

乙、自己動手做

題型一

1.「在平靜的天空中，雲堆莊嚴、平穩的移動」一句，採用擬人的修辭技巧。下列文句，何者<u>沒有</u>使用相同的修辭？
(A)繪畫使我們得以定住即將消逝的雲彩，顫抖的葉子及變幻的光影
(B)樹枝從一片綠意中伸出，碧綠的苔蘚如寶玉，地衣色彩斑爛，白、藍、紫、紅織成一片鮮艷的錦緞*
(C)高崖上的松樹呈現一股深沉的生命力，沉浸在高傲中，不以單調為苦
(D)獨立河畔，默默的凝視夜空中，七葉樹那細瘦、黝黑的寂寞身影

題型二

1. 下列選項何者使用「化抽象為具體」的修辭技巧？
(A)潛能並不是裝在口袋裡，你想用就能用的東西*
(B)路是我已婚的伴侶，她整天在我腳底下說話
(C)這小花躺在塵土裡，它尋覓那蝴蝶的路徑
(D)當烏雲被陽光輕吻時，它便化成天上的花朵

2. 以形象化的語言描繪抽象的情思，可使讀者獲得更鮮明的印象，如「母愛是曬衣場上曬乾的衣服，暖暖的，有太陽的氣味」，就比「母愛是世間最溫馨無私的愛」更加具體可感。下

列文句何者未使用相同的修辭技巧？

(A)砌下落梅如雪亂，拂了一身還滿

(B)是夜大霧漫天，長江之中，霧氣更甚，對面不相見*

(C)孤獨是一匹衰老的獸／潛伏在我亂石磊磊的心裡

(D)忽然想起／但傷感是微微的了／如遠去的船／船邊的水紋

(五)摹狀法

甲、基測試題

未見

乙、自己動手做

題型一

1.「朔氣傳金柝，寒光照鐵衣」這兩句詩是透過哪些感覺來摹寫？甲、視覺 乙、聽覺 丙、嗅覺 丁、味覺

  (A)甲乙*

  (B)丙丁

  (C)乙丙

  (D)甲丁

2.下列文句，何者採用「味覺描寫景物」的修辭技巧？

  (A)那一片漂浮的獨白，像滲在泡沫裡的乳酪；而整條河面則是無可加深的墨黑

  (B)燈燭飄搖，煙篆裊繞，龕座上的神像彷彿陷入陰影中沈思

(C)風裡帶來些新翻泥土的氣息，混著青草味，還有各種花的
香，都在微微潤溼的空氣裡醞釀

(D)山裡的霧像初泡的烏龍，帶著一絲甘醇，無聲無息地滲入人
的每一吋肌膚＊

【說明】

基測未見評量學生判斷摹狀修辭法的試題，但此種修辭法在
文學作品極常見，老師可多注意。

㈥設問法

甲、基測試題

題型一

1.「冬天來了，春天還會遠嗎？」雖然是個問句，其實答案就
在問題的反面：「春天不遠了。」下列問句，何者與此相
同？（902）

(A)什麼是世界上最美麗的東西

(B)我們的日子為什麼一去不復返呢

(C)哪個年輕的心不對愛情懷抱憧憬＊

(D)你道鐵公是誰？就是明初與燕王為難的那個鐵鉉

題型二

2.下列各詩，何者是「有問有答」的寫法？（911）

(A)綠螘新醅酒，紅泥小火爐。晚來天欲雪，能飲一杯無

(B)山中相送罷，日暮掩柴扉。春草明年綠，王孫歸不歸

(C)故國三千里，深宮二十年。一聲何滿子，雙淚落君前

(D)松下問童子，言師採藥去。只在此山中，雲深不知處＊

【說明】

此單元是評量學生判斷設問修辭法的能力，設問常見的類型為反問與問答，反問用法學生較難理解，老師可於此多注意。

題型一　判斷反問的修辭法。

題型二　判斷問答的修辭法。

乙、自己動手做

題型一

1. 古人為文，有時會使用反詰語氣，增加文句變化，這類文句用問句的形式表示肯定或否定，並不一定要求回答，如《戰國策》：「嘻！亦太甚矣，先生又惡能使秦王烹醢梁王」。下列文句，何者不屬於反詰語氣？

(A)長鋏歸來乎！無以為家＊

(B)四海之內，皆兄弟也。君子何患乎無兄弟也

(C)學而時習之，不亦說乎？有朋自遠方來，不亦樂乎

(D)許君焦、瑕，朝濟而夕設版焉！君之所知也。夫晉，何厭之有

題型二

1. 下列文句，何者<u>不屬於</u>「自問自答」的表達方式？

　(A)問君能有幾多愁？恰似一江春水向東流

　(B)天下英雄誰敵手？曹劉。生子當如孫仲謀

　(C)柔情似水，佳期如夢，忍顧鵲橋歸路？兩情若是久長時，又
　　豈在朝朝暮暮*

　(D)多情自古傷離別，更那堪，冷落清秋節。今宵酒醒何處？楊
　　柳岸，曉風殘月

㈦誇飾法

甲、基測試題

　未見

乙、自己動手做

題型一

1. 「怒髮衝冠」使用何種修辭技巧？

　(A)譬喻

　(B)誇飾*

　(C)排比

　(D)擬人

2. 閱讀下列短句，並判斷何者<u>未使用</u>「誇飾」的修辭技巧？

　(A)臉好油，油到簡直可以煎蛋了

　(B)太陽已冷，星月已冷，太平洋的浪被砲火煮開也都冷了

　(C)任誓言一千遍、一萬遍、一千年、一萬年，牽絆我不能如願

　(D)冷杉林下的箭竹全埋在雪下；冷杉枝葉上也全是厚厚的白，
　　似棉花的堆積，似刨冰＊

【說明】

評量學生判斷誇飾修辭法的題型，基測尚未出現，但誇飾為文學作品常用的修辭法，宜多注意。

(八)對偶法

甲、基測試題

題型一

1. 「對偶」必須字數相等、句法相似、詞性相當。根據上述原則，下列何者是對偶？（912）

　(A)眾鳥高飛盡，孤雲獨去閒＊

　(B)六代興亡國，三杯為爾歌

　(C)朱門酒肉臭，路有凍死骨

　(D)故人江海別，幾度隔山川

【說明】

此單元評量學生判斷對偶修辭法的能力，對偶法是修辭法的
教學重點，宜多注意。
題型一　判斷對偶修辭法。

乙、自己動手做

題型一

1. 閱讀下文，並判斷何者具有「對偶」的關係？

　　甲、夢為遠別啼難喚　　　乙、劉郎已恨蓬山遠

　　丙、更隔蓬山一萬重　　　丁、書被催成墨未濃

　　(A)甲丙

　　(B)甲丁＊

　　(C)乙丙

　　(D)丙丁

2. 下列詩句，何者具有「對偶」的關係？

　　(A)讀書破萬卷／下筆如有神

　　(B)明眸皓齒今何在／血污遊魂歸不得

　　(C)世亂遭飄蕩／生還偶然遂

　　(D)渡口月初上／鄰家漁未歸＊

3. 下列詩句，何者與「水落魚梁淺」有「對偶」的關係？

(A)淺淺石溜瀉

(B)天寒夢澤深＊

(C)青陽逼歲除

(D)徒有羨魚情

(九)層遞法

甲、基測試題

題型一

1.「桂林山水甲天下，陽朔山水甲桂林」這兩句話透過「天下」、「桂林」、「陽朔」的層層比較，來說明陽朔的山水美景絕冠天下。下列何者也使用了相同的技巧？（921）

(A)人無千日好，花無百日紅

(B)五嶽歸來不看山，黃山歸來不看嶽＊

(C)曾經滄海難為水，卻除巫山不是雲

(D)千山有水千江月，萬里無雲萬里天

【說明】

此單元是評量學生判斷層遞修辭法的能力。

題型一　判斷層遞修辭法。

乙、自己動手做

題型一

1. 下列文句對於事理的說明，何者<u>沒有</u>層層遞進的效果？
   (A)知之者不如好之者；好之者不如樂之者
   (B)她覺得衣料就是衣料，不是棋盤，也不是稿紙，更不是綠豆糕
   (C)一個人做人做事應當飲水思源，滿懷感激；不但要感激，更要發揚光大
   (D)有運動家風度的人，寧可有光明的失敗，絕不要不榮譽的成功*

二、運用各種寫作技巧法知識

㈠描寫法

甲、基測試題

題型一

1. 下列選項，何者<u>不屬於</u>動態的描寫？（911）
   (A)牠像虹似地一下就消逝了，留下的是無限的迷惘
   (B)母親洗淨雙手，撮一撮桂花放在水晶盤中，送到佛堂供佛
   (C)他那秀美的面容，優閒的態度，完全表現出一個書生政治家

來＊

(D)他用兩手攀著上面，兩腳再向上縮，他肥胖的身子向左微傾，顯出努力的樣子

【說明】

此單元評量學生判斷描寫法的能力。

題型一　判斷描寫的寫作法。

乙、自己動手做

題型一

1. 下列文句的描寫，何者呈現壯闊的動態美感？

(A)夜的確美麗，墨色的天空布滿了棋子似的星星

(B)不知什麼時候落起了春雨，雨像絹絲一樣，又輕又細

(C)寒星照在蘆葦上微微發光，猶如沾著了眼淚，風吹來，便真的輕輕地啜泣了

(D)大海萬頃的波浪，戴著各式白帽子，在日光裡動盪著，起落著＊

2. 下列文句所描寫的風，和哪個選項的敘述最接近？「風伸出凌厲的指爪，拉扯著行人的衣襟，並且一刻不停地絮聒著。」

(A)試倩悲風吹淚，過揚州

(B)夕陽在山，蒼翠欲滴，風葉露穗，搖蕩若千頃波

(C)風勁角弓鳴，將軍獵渭城＊

(D)只有風還醒著，從竹林裏跑出來，跟著提燈的螢火蟲，在美麗的夏夜裏愉快地旅行

3. 對於景物的描寫，下列何者採取「由近及遠」的表現手法？

(A)新竹壓簷桑四圍，小齋幽敞明朱曦

(B)風煙俱淨，天山共色，從流飄蕩，任意東西

(C)溫泉水煙貼伏著坡地，如湖波緩緩湧去，五里外的小鎮燈火，在松針稀疏處閃爍*

(D)朝陽撒著粉黃色的光輝，把小草樹裝潢得新鮮妍麗，草葉上露珠閃爍

4. 下列詩句，何者以視覺推拓詩境，表達依依難捨的離情？

　　甲、月落烏啼霜滿天，江楓漁火對愁眠

　　乙、孤帆遠影碧山盡，惟見長江天際流

　　丙、山迴路轉不見君，雪上空留馬行處

　　丁、不聞爺孃喚女聲，但聞黃河流水鳴濺濺

(A)甲乙　　(B)丙丁　　(C)甲丁　　(D)乙丙*

5. 下列文句，何者最能具體描寫出作者專注於想像世界的趣味？

(A)夏蚊成雷，私擬作群鶴舞空，心之所向，則或千或百，果然鶴也*

(B)晝長吟罷蟬鳴樹，夜深爐落螢入幃

(C)居左者，左手撫爐，爐上有壺，其人視端容寂，若聽茶聲然

(D)苔痕上階綠，草色入簾青

【說明】

描寫法的內容極為豐富，可參考上述試題，靈活運用。

 第三節
運用正確寫作表現法

一、運用正確語詞

㈠運用恰當語詞

題型一

1.李小強收到朋友送來一把含苞待放的玫瑰。她細心地將它們一一種在花盆裡，殷勤地為它們澆水、施肥。忙碌了幾天，正期待著滿園的花團錦簇，但是，陽光下，只見每一片花瓣都滿布著令人怵目的褐斑；每一朵花都低垂著頭，奄奄一息如垂死的天鵝。面對如此景象，李小強呆立了半天，說不出話來。

如果事後李小強對朋友發出了「□□我細心的照顧，這些花□□死了」的抱怨。

Ⅰ、句中□□處填入下列哪一組詞語最恰當？（921）

(A)不管／畢竟

(B)雖然／終於

(C)儘管／總算

(D)縱然／還是＊

Ⅱ、本文中，「李小強站在奄奄一息的玫瑰花前，呆立了半
　　天，說不出話來。」下列何者最能形容他此時的心情？

(A)如坐針氈

(B)悵然若失＊

(C)後悔莫及

(D)悲喜交集

Ⅲ、根據本文，「……忙碌了幾天，正期待著滿園的花團錦
　　簇，但是，陽光下，……」中的「但是」一詞，<u>不適合用</u>
　　下列何者來取代？

(A)然而

(B)沒想到

(C)意外地

(D)無疑地＊

題型二

1. 對聯的上下兩聯必須字數相等，詞性相同。從這個特徵來
　看，「天文奇景流星雨，大地□□土石流」，□□中最適宜填
　入的詞語為何？（911）

(A)變色

(B)災難

(C)滾滾

(D)悲歌＊

2. 根據對聯「上下兩句平仄相反、詞性相同」的格律來判斷、「一盞寒泉薦秋菊，三更花舫穿藕花」中的「寒泉」，可用下列何者替代？（921）

(A)醇酒

(B)瓊漿＊

(C)玉液

(D)新釀

【說明】

此單元是評量學生判斷恰當語詞的能力，此為語文表達的相關能力之一，宜多注意。

題型一　判斷段落恰當成語及語詞的使用。題組題型為基測的創新，未來可能成為命題重點，宜多注意。

題型二　判斷句子恰當語詞的使用。

乙、自己動手做

題型一

1. 閱讀下列短文，並回答問題。

對沒有道德感的罪犯而言，當下的軀殼可以再生，因此縱使身遭刑戮，仍然可以有「ㄕ」的期待。「乙」當下的生命，並沒有泰山與鴻毛的差別　所以當　　」的　犯，接受刑罰的制裁時，他們不會對自己的行為感　愧疚　ﾟ不會因為失去生命而遺憾。

Ⅰ、「甲」應接續哪個句子，才能使語意連接順暢？

(A)二十年後又是一條好漢＊

(B)曾經滄海難為水

(C)杯底不可飼金魚　　(D)浪子回頭金不換

Ⅱ、「乙」處較恰當的詞語是什麼？

(A)儘管

(B)由於＊

(C)然而

(D)雖然

Ⅲ、「丙」處較恰當的成語是什麼？

(A)獐頭鼠目

(B)樑上君子

(C)殺人越貨＊

(D)面目可憎

題型二

1. 閱讀下文，並為□選擇最恰當的語詞？

冬天到了，森林一片寂靜，只有□掉落的松果，發出輕微的聲息。

(A)經常

(B)偶而＊

(C)偶然

(D)突然

2. 閱讀下列文字，選出最適合填入□的詞語。

□□正視問題的癥結，勇於取捨，□□從困境中超越出來，
□□滾雪球似的，造成惡性循環。

(A)唯有／才能／以免＊

(B)唯有／否則／以免

(C)除非／以致／才能

(D)除非／才能／以致

3.閱讀下文，並依序為□，選擇較恰當的詞語？

□我多累，每晚臨睡前，一定會攤開日記本，把一天重要的
事或新的想法記下來，三十多年來，它□成為我生活的一部
份。

(A)不管／依然

(B)無論／已經＊

(C)不論／仍舊

(D)儘管／幾乎

4.閱讀下列對話，並依序為□選擇恰當的語詞。

「唉，經濟不景氣，就連多利集團也傳出跳票，聽說他們的
財務狀況□□可危哩。」

「你說的是那家□大名、擁有數十家連鎖店的大企業？」「沒
錯。現在他們的員工、下游廠商和投資者全都憂心□。」

「怎麼會這樣？」

「這原因可複雜了，且聽我□□道來。」

(A)急急／頂頂／沖沖／委委

(B)急急／鼎鼎／沖沖／委委

(C)炭炭／頂頂／忡忡／娓娓

(D)炭炭／鼎鼎／忡忡／娓娓＊

題型三

1. 閱讀下列文字，選出最適合填入□的詞語。

　　我剛進大學的時候，有兩位年老的圖書管理員笑咪咪地告訴我，他們能從一年級學生的借書卡上預測這些學生將來的成就，幾乎是□。

(A)百試不爽＊

(B)無一倖免

(C)牛刀小試

(D)如數家珍

2. 閱讀下列文字，選出最適合填入□的成語。

　　南丁格爾生來就是個富家千金小姐，住的是豪門巨宅，穿的是錦衣、吃的是玉食。從少女時代開始，就在倫敦的社交圈□，周旋於王公貴婦、才子佳人之間。

(A)嶄露頭角＊

(B)頤指氣使

(C)宦海浮沉

(D)折衝樽俎

3. 閱讀下文，並為□選擇最恰當的語詞？

　　樹是活的，只是不會走路，根扎在那裡，便住在那裡，永遠沒有□之苦。

(A)自怨自艾

(B)萍水相逢

(C)顛沛流離*

(D)歲月更迭

【說明】

基測未單獨評量判斷成語的能力，但此為語詞字作的教學重點，未來有可能命題，宜多注意。

(二)判斷語詞運用

甲、基測試題

題型一

1.閱讀下文，並推斷畫線部分的語詞使用，何者正確？（901）

時間過得真快，轉眼已畢業數月，您的教誨言猶在耳(A)*，您的音容宛在(B)。難忘您上課時的口蜜腹劍(C)，難忘您勸勉時的說長道短(D)，難忘您的一切，對您的思念與日俱增。

2.為了加強小朗的成語運用能力，老師出了四題成語填充，可是小朗只做對了一題，是哪一題呢？（902）

(A)空氣汙染很嚴重，使得臺北市的天空「」／「黯然失色」*

(B)雖然一再受打擊，他依然「」，繼續奮鬥／「無懈可擊」

(C)埔里地區的地形「」，氣候宜人，適合居住／「虛懷若谷」

(D)教育的目的在「」，幫助學生身心健全成長／「揠苗助長」

3. 下列各句「」中詞語的運用，何者正確？（902）

(A)連日豪雨成災，中南部早就已經「行雲流水」，不堪居住

(B)有部分的學生做科學實驗時「不求甚解」，因此進步神速

(C)現在上演的這部卡通動畫片備受好評，戲院裡總是「噓聲四起」

(D)為了爭睹企鵝丰采，眾人「比肩接踵」，把動物園擠得水洩不通 *

4. 下列文句「」中的成語，何者運用最恰當？（912）

(A)他的言論「鞭辟入裡」，獲得眾人的肯定，可真是「自圓其說」

(B)颱風來襲，「大雨滂沱」，雨勢有如「乘風破浪」般，令人震懾

(C)經理為了最新的企劃案，忙得「昏天黑地」，教人「悠然神往」

(D)孝親與友愛是「天經地義」的事，為親人付出理當「無怨無尤」 *

5. 老師要同學練習成語造句。下列哪一位同學所造的句子最為恰當？（922）

(A)阿吉：他平日「用舍失宜」，所以至今一點積蓄都沒有

(B)大華：在這時代，「萍水相逢」的朋友，不容易成為知己 *

(C)小文：夸父竟妄想追逐太陽，可見他有「擎天撼地」的力量

(D)美美：班上的合唱團正在苦練，高亢的樂音可說是「市聲鼎沸」

6.下列與年紀相關的詞語，何者使用錯誤？（921）
　(A)正值「弱冠之年」的他，誓言努力開創未來前程
　(B)已屆「不惑之年」的他，仍像小孩似的天真無邪
　(C)「始齔之年」的他，總喜歡倚老賣老地教訓他人＊
　(D)「古稀之年」的他，一點都沒有老態龍鍾的樣子

題型二

1.下列各選項「」中連詞的使用，何者完全正確？（911）
　(A)他「與其」忍受牙痛，「也不願」去看醫生
　(B)你「既然」知道做錯了，「也要」反省改進
　(C)他「因為」考得很理想，「於是」犧牲睡眠
　(D)我「要是」不看電視，「早就」做完功課了＊

2.下列文句，何者用語最恰當？（921）
　(A)窗外細雨滂沱，真是詩情畫意
　(B)刺耳的噪音隨風飄蕩，令人心煩意亂
　(C)寒冷的強風徐徐吹來，簡直是難以抵擋
　(D)傷心的淚潸潸而下，他的難過可想而知＊

3.下列各選項中的數量詞，何者使用不恰當？
　(A)宴會上的女主人身穿一襲寶藍色的旗袍，非常美麗
　(B)傳說中的人魚公主擁有一雙海藍的眼精，明媚動人

(C)花木蘭聽到李亮對她的讚美，臉上泛起了一塊紅霞＊

(D)小姑娘在慶生會上，那一張桃紅的笑臉，格外嬌美

【說明】

此單元是評量學生辨識正確詞語運用的能力，為基測常見題型，宜多注意。

題型一　辨識成語運用。

題型二　辨識詞語運用。

乙、自己動手做

題型一

1. 下列文句「」內的成語使用，何者最正確？

(A)他的成績本來就不錯，這次段考更是「變本加厲」，衝到全校前十名

(B)全球華語學習人口快速增加，使華語「眾口鑠金」地成為世界強勢語言

(C)一年一度的媽祖遶境，神轎經過的鄉鎮「萬人空巷」，群眾爭相膜拜祈福＊

(D)大都市物價偏高，就連普通民生必需品也不便宜，讓人有「洛陽紙貴」之嘆

2. 下列成語的使用，何者最正確？

(A)宦海沉浮雖在所難免，他卻以「長袖善舞」，獲得別人的尊

敬

(B)馬友友在演奏會上，表演行雲流水的絕技，令觀眾「大喝倒采」

(C)敵軍來襲，眾人皆驚惶失措，只有將軍「神態自若」，穩如泰山＊

(D)此處幽泉怪石，林壑深秀，因此寂寥冷清，「門庭若市」

題型二

1. 下列文句，「　」的詞語運用，何者最恰當？

(A)站在陽明山上匆匆的「出神凝視」，只見台北市的高樓正逐漸被暮色吞沒

(B)交通警察在直昇機上「仰望」高速公路上的交通狀況

(C)千萬顆星星躲在雲後眨著眼睛，「偷窺」人間的動靜＊

(D)廣場上圍觀的群眾，一齊「逼視」熱氣球升空的景象

2. 下文「　」中的詞語，何者使用正確？

(A)有風度的運動家，不但有服輸的精神，「況且」更有超越勝敗的心胸

(B)一個自甘墮落的人，「反而」是在較好的環境中，也依舊一事無成

(C)我不大相信補藥的功能，「何況」那是醫生推薦的

(D)讀書的重要，「固屬」盡人皆知的道理，但事實上，卻並非人人均喜讀書＊

3. 下列文句中，劃線處的詞語，何者運用較正確？

媽媽體態輕盈、婀娜多姿(A)＊，雖然已是徐娘半老，卻風韻猶存(B)；如果參加選美比賽，一定可以囊括好幾面獎牌(C)，僥倖衛冕成功(D)。

4.下列量詞的使用，何者最正確？

　(A)大華戴了「一對」時髦的太陽眼鏡

　(B)超市大拍賣，阿姨買了「一對」精美的碗盤共三件

　(C)小美穿了「一對」又炫又酷的新球鞋

　(D)「一對」情侶，神情愉快的從電影院走出來＊

5.下列文句「」內的詞語，何者使用正確？

　(A)陳科長辦事認真負責，長官都很「愛戴」他

　(B)我將機器操作上的困難「投訴」老師，請老師幫忙

　(C)雖然工作的過程令人緊張，卻能「激發」我們的潛能＊

　(D)如果你忘了那家餐廳的電話號碼，可以向查號臺「盤問」

二、運用正確句子

㈠接續恰當句子

甲、基測試題

　未見

乙、自己動手做

1. 我家門前的水塘，綠樹婆娑，水草茂密。在繁星閃爍的夏夜，常有陣陣蛙聲伴著夜風飄進屋裡。此時我總會想起「甲」的詩句。

青蛙的幼蟲是蝌蚪，許多畫家常愛用它做為創作的題材。例如1957年老舍曾以「蛙聲十里出山泉」為題，請白石老人作畫。白石老人苦苦構思後，揮毫成以下的傑作：一片急湍的流水從山間亂石中瀉出，水中有幾隻活潑的「乙」，高處再抹幾筆遠山相對，就把詩的意境含蓄的烘托出來。於是人們透過這幾隻「丙」的形象，彷彿聽到十里山泉傳來的陣陣蛙鼓。

Ⅰ、本文「乙」、「丙」處，較恰當的詞語是什麼？

(A)青蛙、蝌蚪

(B)蝌蚪、牛蛙

(C)青蛙、牛蛙

(D)蝌蚪、蝌蚪＊

Ⅱ、本文「甲」處，較恰當的詩句是什麼？

(A)天階夜色涼如水，坐看牽牛織女星

(B)升堂坐階新雨足，芭蕉葉大梔子肥

(C)稻香花裡說豐年，聽取蛙聲一片＊

(D)荷風送香氣，竹露滴清響

2. 下列文句中的……，宜接續何者較恰當？

春天是感覺而不是景象；……

(A)春天在心上，不在身外＊

(B)春天只能撫摸，不能親見

(C)春天是虛幻，不是真實

(D)春天在時間裡，不在空間裡

3.閱讀下文，並為⋯⋯接續恰當的結語，使語意連接順暢。

　　積聚怨恨只會造成生命的陰影，因此我們應該讓自己的心靈

幻化為天使，把平淡的日子唱成一首快樂的歌。這樣，我們

才能⋯⋯。

(A)感謝先人的遺愛和遺產

(B)舉止恭敬自然

(C)不必再聽別人使喚

(D)讓生活變得豐富而有意義＊

【說明】

此單元是評量學生判斷接續正確句子的能力，基測試題未

見，但為句子學作的教學重點，宜多注意。

㈡修改句子

甲、基測試題

題型一

1.下列各句，何者沒有繁冗多餘的語詞？（901）

(A)有養成閱讀的習慣，等於就猶如擁有一筆珍貴的資產

⑻現代人經常能夠感受到生活中許多無窮的壓力

⑼時時反省改進，才能使我們有更美好的明天＊

⑽節儉真是現代人都必須應該培養的美德

2. 下列各句，何者文字使用最為精簡？（902）

　⒜只要能夠拋棄丟掉落伍和老舊的教條，沒有任何事可以阻止世界邁向繁榮

　⒝在講求輕薄短小的新世代，長篇鉅著的著作仍然能夠穿透塵囂，發出高音

　⒞他彈奏鋼琴時，即使曲子複雜、節奏快速，尚且還能向台下觀眾揮手致意

　⒟旅行和閱讀是相輔相成的，都能讓人有探索的衝動，進而引發不同的感想＊

3. 下列文句，何者<u>沒有</u>冗言贅字？（922）

　⒜你的功課寫得那麼潦草，一定會被老師挨罵的

　⒝在充分的準備之後，他們好整以暇地參加考試＊

　⒞小狗強忍飢餓，眼巴巴地渴望看著盤中美食

　⒟在情場上屢次失利的他，終於總算是結婚了

【說明】

此單元評量辨識句子語病的能力，常見為不當省略、冗贅、語義模糊、邏輯錯誤、用語不當等，基測目前只出現辨識冗贅的試題。

題型一　辨識句子冗贅。

乙、自己動手做

題型一

1. 下列文句何者<u>沒有冗贅</u>的缺失？
　(A)汽水廠的員工向我們介紹生產罐裝汽水的生產過程
　(B)這些無惡不作的壞人，早晚總有一天會身繫囹圄，後悔莫及
　(C)你的提議很好，大家都贊成，沒有一個反對
　(D)種植果樹，不宜太密，否則會影響果樹的生長＊

題型二

1. 下列文句，何者<u>沒有語病</u>？
　(A)與其詛咒四周的黑暗，何不點燃一支蠟燭＊
　(B)人不能做井底之蛙，以免看到自己的渺小
　(C)集集大地震的慘烈災情，真是令人嘆為觀止
　(D)以誠懇的態度生活，可以增進我們的啟示

2. 下列文句，何者<u>沒有語病</u>？
　(A)我今後學英語一定要下苦工夫不可
　(B)因為我重視中文，所以對體育不感興趣
　(C)生活的觀察和體驗是創作靈感的泉源＊
　(D)一彎新月，幾顆寒星，整個天空都亮起來了

3. 下列文句，何者文義通暢合理？

(A)父親警告我，如果不沉迷網咖，不求上進，就要悔不當初

(B)任意將別人的話斷章取義，妄加附會，常易引起誤會*

(C)他的話鞭辟入裏，不顧情面，聽起來真令人好生敬佩

(D)一個人若能自我充實，虛懷若谷，就會有見識淺俗的毛病

【說明】

題型二的試題包括較多語病的現象，基測未來可能有類似的
試題，宜多注意。

三、運用正確段落

㈠重組文句

甲、基測試題

1. 春天的喊叫聲／春天一定站在門外（甲）／把綠葉叫醒（乙）
／門才會笑口常開（丙）／也從棉被裡把我拉起來（丁）
這首題目為「春天」的童詩，依照詩意，正確的順序應該是什
麼？（912）
(A)甲乙丙丁
(B)乙甲丁丙
(C)乙丁甲丙*
(D)丁乙甲丙

【說明】

此單元是評量學生根據段落涵義正確重組文句的能力。

題型一　判斷文句正確次序。

乙、自己動手做

題型一

1. 細讀下列文句，並依其文意的邏輯性，組成一段文意通暢的短文：

甲、而簡單的生活則能帶給人們精神的成長

乙、炫麗和貪婪、放縱和奢侈，容易造成心智的喪失和混亂

丙、何況，惜物正是惜福，節約不浪費更是積福

丁、我們應該把心思集中在追求良好的價值觀，而不是被欲望牽著鼻子走

　(A)乙甲丙丁＊

　(B)乙丙丁甲

　(C)丁甲乙丙

　(D)丁丙甲乙

(二)改寫段落

甲、基測試題

未見

乙、自己動手做

題型一

1.「逆境並不可怕,可怕的是經不起挫敗,暴氣喪志,自陷於絕望之中,一蹶不振」此句改寫後,何者最能含括原意?
　(A)逆境使人自陷於絕望之中,一蹶不振
　(B)經不起挫敗是一種暴氣喪志的逆境
　(C)挫敗後一蹶不振,比遭遇逆境更可怕*
　(D)遭遇挫敗,比自陷於絕望之中更可怕

2.閱讀下文,並選擇最恰當的縮寫。

　　手機的方便,創造了廣大的市場。在全球景氣低迷中,似乎只有通訊與網路結合的產業,可以有令人期待的未來。而手機愈來愈多元的功能,也將使它從單純的溝通工具,擴展為人們生活中不可缺少的伴侶。因此手機不但創造了可觀的經濟,更進一步帶來新的社會關係。手機與網路結合後,人的流動性更強,而不必固定於一時一地的互動模式,必然會形成某種人際倫常關係的挑戰,並對「無疆界時代」做更具體的落實。因此溝通工具的改變,不僅改變生活而已,進一步將會更深刻的改變族群認同與文化傳承的心理。

　(A)手機不但創造了可觀的經濟,更進一步帶來新的社會關係*
　(B)手機不僅改變生活,更將進一步將改變族群認同與文化傳承的心理
　(C)手機已從單純的溝通工具,擴展為人們生活中不可缺少的伴

侶

(D)手機將使「無疆界時代」更迅速的來臨

3.閱讀下文,並推斷何者的修改最切合原意?

也是因為我的努力,我才不至於要加入失業大軍的行列。可是我從不會認為自己是老闆的奴隸,要遵從他的一切指令,即使他是這樣的想。

(A)老闆希望我是他的奴隸,但我寧願保持自尊,以免失去工作

(B)因為表現良好,又對老闆畢恭畢敬,所以獲得這份工作

(C)我能保有這份工作,是因為工作努力,不是因為對老闆百依百順*

(D)如果我不想失業,就必須對老闆言聽計從,加倍努力 非事實

【說明】

此單元是評量學生掌握段落要旨的能力,其要求是掌握段落各個重點不可遺漏。

題型一　判斷段落改寫。

(三)修改段落

甲、基測試題

未見

乙、自己動手做

題型一

1. 閱讀下文，並判斷何者的敘述<u>不流暢</u>？

放風箏不可靠近高壓電(A)，<u>不可避免在人潮擁擠或飛機場附近</u>(B)＊以免造成意外傷害；<u>也要避免在高建築物或大樹旁</u>(C)，以免風勢不平順；<u>最好在空曠的地方</u>(D)，風箏才能飛得高、飛得遠。

2. 閱讀下文，並選擇多餘的贅詞。

我以前（甲）曾經（乙）設想，如果（丙）有可能性（丁），我願意跋涉走（戊）在荒野的深處，去一一（己）辨認每一座驛壁上斑剝的詩文。

(A)甲乙丁戊

(B)乙丙丁戊

(C)甲丁戊己＊

(D)乙丙戊己

【說明】

此單元是評量學生正確判斷句子何處宜修改的能力。

題型一　判斷句子不恰當的語詞或敘述。

四、運用正確資料整理

甲、基測試題

未見

乙、自己動手做

題型一

1. 下列文句共同表達了何種主題？

　　甲、美國甘迺迪總統說：「如果世界上有一個人不自由，誰
　　　　又自由了呢？」

　　乙、地藏王菩薩說：「地獄一日不空，我一日不成佛。」

　　丙、孔子說：「願給老年的以安樂，對朋友以信實，給幼少
　　　　的以愛撫。」

　　丁、德蕾莎修女說：「我已不能以女人對男人的那種愛去愛
　　　　任何人，我的愛在貧民窟。」

　(A)智慧的重要

　(B)仁愛的胸襟＊

　(C)信仰的力量

　(D)勇武的精神

2. 下列文句，何者最能表現「甜蜜家庭」的主題？

　(A)我爸爸是鐵工廠的老板，手下有30個員工，生意做得很大

(B)我媽媽是老師，忙完家事後，還要指導我們姐弟做功課

(C)晚飯後，我們一起收拾餐桌，一起坐下來喝茶，看電視新聞＊

(D)我家有四個人，爸、媽、哥哥還有我，外加一條活潑可愛的吉娃娃

3.閱讀下列文句，並判斷應如何分類較正確？

　　甲、讀書要像心痛，心痛的時候，一心在痛上，就沒有閒功夫說閒話，管閒事。

　　乙、讀書要像拾柴火，見一枝收一枝，日子久了，自然積柴如山。

　　丙、讀書像掘井，愈掘愈深，只有極少數的人，一刻也不願捨棄，並能獲得讀書的真味，這才算是掘井及泉。

　　丁、求學如登塔，一層層登上去，至最高處，始能登高望遠，視野廣闊。

(A)甲、乙謂逐步累積方能有成

(B)甲、丁指做學問貴在融會貫通

(C)乙、丙謂讀書要具備鍥而不捨的精神＊

(D)丙、丁指讀書要有開闊的眼界

4.下列四段資料，共同的主題是什麼？

　　甲、愛迪生打個盹起來，看見桌上的空盤子，以為自己已經吃過飯了，就心滿意足的開始工作。

　　乙、李廣看見草叢伏著一個龐大的黑影，以為是老虎，立刻拉滿弓，使勁射出。第二天再來，才發現射中的是一塊大石頭。而整枝箭都已深入大石塊中，只留下一截短短

的箭羽。

丙、禹為了治水，在外面奔波九年，雖然三次經過自己的家
門，卻無暇進門探望妻兒。

丁、牛頓正在做實驗時，準備煮早餐的水開了，他往桌上隨
手一抓，就把手錶當成雞蛋，丟到水裡去煮了。

(A)成功的可貴

(B)專心做事＊

(C)成名的方法

(D)名人趣事

5. 下列資料的分類，何者比較恰當？

甲、駱駝長得很高，脖子很長。

乙、駱駝的駝峰貯存了很多脂肪，缺水時，可消耗駝峰的脂
肪供救急之用。

丙、駱駝可以緊閉鼻孔，抵禦漫天的風沙。

丁、駱駝能適應沙漠的生活，所以人們把牠當作沙漠的交通
工具。

戊、我的名字叫輝輝，昨天跟一大隊旅行隊去旅行。

己、那些商旅用毛巾掩著鼻子，閉起眼睛上路，真是有趣。

庚、人類都稱我們為沙漠之舟。

辛、駱駝的嗅覺特別靈敏，可以替商旅尋找水源。

壬、駱駝在沙漠中滴水不進，也不會覺得口渴。

(A)甲壬是有關駱駝的外型

(B)乙戊是有關駝峰的作用

(C)丙己是有關駱駝能抵禦風沙

(D)丁辛是有關駱駝與人的關係*

【說明】

此單元是評量學生正確判斷資料分類的能力。基測目前尚未評量此能力，但此為資料分類的教學重點，宜多注意。

五、運用正確標點符號

甲、基測試題

題型一

1. 八十歲的張老先生為人偏心，為了把財產全部留給兒子而立下了遺囑：「八十老翁親生一子所有財產完全給予女婿外人不得爭奪」。

這段文字要如何標點，能達到張老先生的心願？（902）

(A)八十老翁親生一子，所有財產完全給予女婿、外人，不得爭奪。

(B)八十老翁親生一子；所有財產完全給予女、婿，外人不得爭奪。

(C)八十老翁親生一子。所有財產，完全給予女、婿外人不得爭奪。

(D)八十老翁親生一子，所有財產完全給予。女婿外人，不得爭奪。*

2.下列文句中標點符號的使用，何者正確？（912）

　(A)上天喜悅誰，就給誰智慧；知識；和喜樂。

　(B)永遠扮你的角色；那麼你想成什麼人；就成什麼！

　(C)快樂的基本因素是，有事可為；有所愛慕；有所希望。

　(D)小心眼的人議論人；普通心思的人談論事；偉大心靈的人討論觀念。＊

乙、自己動手做

題型一

1.冒號（：）是標明結束上文或提起下文的符號。下列那一項的冒號，使用<u>不恰當</u>？

　(A)花園裡種著幾株花：玫瑰、芍藥、菊花，依著時令開放

　(B)我在書桌上寫著：專心致志，才能成功

　(C)執法公正有兩層意義：保護好人，懲罰壞人

　(D)他想要了解宇宙的奧秘：於是努力吸收各種天文知識，以廣見聞＊

2.閱讀下文，並依序選擇恰當的標點符號？

　　找到謬誤要比找到真理容易□謬誤浮在表面，一下子就可以找到它□真理藏在深處，不是每個人都能夠找到的□

　(A)。。。

　(B)，。。

　(C)，；！

　(D)。；。＊

3. 閱讀下文，並依序為「」選擇較恰當的標點符號。

　　人類表達情感的工具有二種「」一是語言「」一是文字「」面對
面，當然是可以用語言溝通情意「」距離遠了「」就非要用文字
不可。

(A)　，，；，，

(B)　，、。，

(C)　：、。，，

(D)　：，。；，＊

第四節
運用正確應用文格式

一、運用書信格式

甲、基測試題

㈠書信格式

題型一

1. 文風寫信給雙親。信上畫線部分何者正確？（902）

　　父母親大人<u>鈞鑒</u>：

　　　　八月二十五日拜<u>足下</u>，乘中抵達學校，隨即辦理入學手
續，並住進第一宿二〇三室，一切均安，懇釋　慈念。敬祝

　　　大安

　　　　　　　　　　　　　　　　　ᴼ文風叩上　八月二十六日

(A)鈞鑒

(B)足下

(C)大安

(D)叩上＊

題型二

1. 以下中式橫寫信封畫線處的格式與寫法，何者錯誤？（912）

```
234

大吉縣大利市金榜路二段130號（Ａ）

高娜娜


　　　　　567

　　　　大富縣大貴鎮成功街一段195號（Ｂ）


　　　何　星　星　先生（Ｃ）　　恭啟（Ｄ）＊
```

【說明】

此單元是評量學生正確辨識書信格式的能力。

題型一　辨識書信內文格式。

題型二　辨識信封格式。

乙、自己動手做

題型一

1. 文風寫信給同學。信上畫線部分何者正確？

　　小風<u>敬悉</u>：

　　　　接到你9月2日的來信，得知你正為如何增強寫作能力的事苦惱，我手上正好有一本《寫作技巧一百回》，隨信寄上，希望對你有所幫助。敬請

　　<u>教安</u>

<u>友</u>

文風<u>叩上</u>

　　(A)敬悉
　　(B)教安
　　(C)友 ＊
　　(D)叩上

題型二

1. 王先生想要寫信給他的同輩朋友，信封的中欄應該怎麼寫才正確？

　　(A)○○○先生大啟 ＊
　　(B)○○○吾友鈞啟
　　(C)○○○吾友安啟
　　(D)○○○先生敬啟

2.寫信給母親時,信封上的稱謂應該如何寫才正確?

(A)○○○大人親啟

(B)○○○夫人尊啟

(C)○○○女士安啟＊

(D)○○○小姐敬啟

(二)稱謂語

甲、基測試題

題型一

1.閱讀下文,並推斷畫線處的稱謂何者<u>不恰當</u>?

建國兄:

前日到貴府打擾,受到賢伉儷(A)熱情招待,深情厚誼,

永銘內心,而賢侄(B)的應對得體也叫人讚賞;想到小犬(C)粗魯

不堪,調教無方,深感慚愧。來日,敝伉儷(D)＊定當好好向

吾　兄請教。專此,順頌

時綏

題型二

1.下列各選項「」中的詞語,何者使用正確?(911)

(A)我的餐廳即將開張,歡迎前來「寶號」用餐

(B)姊姊「于歸」之日,雙眼閃耀著幸福的光采＊

(C)老同學多年不見,今年中秋節請你們光臨「府上」一聚

(D)因家父身體不適,我們「賢喬梓」無法出席今天的宴會

2. 小華向長輩介紹家人，下列稱謂語的使用，何者正確？（912）

　　(A)「先父」目前任職私人機關，工作非常忙碌

　　(B)「家母」喜愛閱讀，營造了家中濃郁的讀書風氣＊

　　(C)「尊兄」擅長運動，尤其熱衷籃球

　　(D)「敝妹」活潑可愛，是全家人的開心果

3. 下列文句「」的稱謂語，何者最正確？（921）

　　(A)「愚兄」您支持哪一位候選人

　　(B)「家兄」今年剛進國中就讀

　　(C)恭喜「貴小兒」金榜題名

　　(D)請問「閣下」在哪裡高就＊

【說明】

此單元是評量學生正確辨識稱謂語的能力。

題型一　辨識書信的稱謂語。

題型二　辨識日常對話的稱謂語。

乙、自己動手做

題型一

1. 閱讀下文，並推斷畫線處的稱謂何者正確？

　　美蘭姐：

　　　　畢業後因寡人(A)工作繁忙，疏於向家姐(B)請安，十分抱

　　歉，不知近況可好？下周三是教師節，我已經和故恩師(C)聯

絡，準備於下周二下午三點，至母校(D)＊導師辦公室，與班

導敘舊，並向她賀節。不知你能否同行？耑此，順頌

時綏

題型二

1. 下列對話，「」中所使用的稱呼語，何者正確？

(A)請問「寶號」的招牌菜是什麼？／來「貴店」一定要嘗嘗牛

排。

(B)請問「令尊」在家嗎？／「舍父」不在

(C)「貴校」將於何時舉辦甄試？／「貴校」尚未定案

(D)「令郎」今年幾歲？／「小兒」年方五歲＊

2. 下列對話，「」中的稱謂，何者完全正確？

(A)請問「貴校」在何處？／「敝校」在台北＊

(B)「令郎」多大年紀了？／「小男」國中快要畢業了

(C)「令弟」成績如何？／「賢弟」時常名列前茅

(D)「尊父」何時在家？／「家父」五點下班

二、運用柬帖格式

甲、基測試題

題型一

1. 根據喜帖的內容，下列敘述何者正確？（902）

謹詹於中華民國九十年 國歷四月十五日 農曆三月廿日（星期日）

為 長孫 長男 世豪與 李天卻 先生 李陳玉 女士 肆女淑英小姐舉行結婚典禮

敬備喜筵　恭請

闔第光臨

吳　連　旺

吳　蔡　葉

吳　子　山　鞠躬

柳　碧　珠

恕邀設席：自宅

新店市谷民路20號 電話：2911-1111

時間：下午六時三十分入席

(A)新郎是吳世豪先生＊

(B)新娘是柳淑英小姐

(C)喜宴設在李天卻先生的家中

(D)主婚人吳連旺先生是新郎的父親

2.

謹訂於八月一日（星期日）上午十一時三十分召開光明
國中第四屆三年甲班第一次畢業同學會敬請
光臨

　　　　　　　　　　班長卜小亮　謹訂

上列這張請柬內容中，缺少了哪一個必要項目？（912）

(A)標點符號

(B)活動地點＊

(C)受帖人稱謂

(D)發帖人具名

3.

> 謹訂於本〈二〉月十日〈星期六〉
>
> 上午九時假台中市連雲路二段16號
>
> 悅遠大飯店舉行本公司春節團拜敬
>
> 備酒會　○○
>
> ○○　　　連速通公司董事長
>
> 　　　　　　　　依媚兒　謹訂

下列詞語，何者最適合填入這張請帖中的○○　○○中？

（921）

(A)叩請　金安

(B)敬請　鈞安

(C)順問　近祺

(D)恭候　台光＊

【說明】

此單元是評量學生辨識柬帖正確格式的能力。

題型一　辨識各類柬帖格式。

乙、自己動手做

題型一

1.閱讀下文，並判斷□□應填何者較恰當？

謹訂於十月十日下午六時，敬備□□，恭請闔第光臨。

(A)菲酌＊

(B)薄酬

(C)華筵

(D)佳餚

三、運用對聯格式

甲、基測試題

未見

乙、自己動手做

題型一

1. 下列為兩副對聯的四句，若以各組代號前者為上聯，後者為
下聯，則何者的搭配最正確？

甲、名園依綠水　　乙、隨意觀風草

丙、無心學海鷗　　丁、野竹上青霄

(A)甲丙／乙丁

(B)丙甲／丁乙

(C)丁甲／丙乙

(D)甲丁／乙丙＊

2. 下列對聯，何者最適合代表照相業？

(A)豐胸隆準不消半日成就，花容月貌全賴大師費心

(B)磨礪以須問天下頭顱幾許，及鋒而試看老夫手段如何

(C)一刹那留得青春永駐，方寸內活現精神長存＊

(D)前程遠大腳跟須站穩，工作浩繁步驟要分清

【說明】

此單元是評量學生正確判斷對聯格式的能力，基測目前尚未
出現試題，但此為對聯格式的教學重點，宜多注意。

四、運用題辭格式

甲、基測試題

題型一

1. 小梅要向結婚的好友致賀，下列題辭何者恰當？（901）

(A)詩禮傳家

(B)三陽開泰

(C)鳳凰于飛＊

(D)龜鶴遐齡

2.下列各句「 」中的題辭，何者使用恰當？（912）

(A)賀演講比賽優勝用「妙筆生花」

(B)賀民意代表當選用「松柏長青」

(C)賀友人遷居用「宜室宜家」

(D)賀醫院開業用「妙手回春」＊

3.李醫師最近搬了新家，在牆上掛了不少匾額，其中一塊是他去年當選縣議員時，親朋們所致贈的。依你的判斷是哪一個？（921）

(A)杏林春暖

(B)再世華陀

(C)造福桑梓＊

(D)喬遷之喜

4.張阿姨生了一個兒子，小旻包了禮金以表祝賀。下列賀辭，何者最適合填在禮金封套上？（922）

(A)于歸之喜

(B)登科之喜

(C)弄璋之喜＊

(D)文定之喜

【說明】

此單元是評量學生判斷正確題辭的能力。

題型一　判斷正確題辭。

乙、自己動手做

題型一

1. 下列題辭的使用說明何者正確？

　(A)「百年好合」／賀添丁

　(B)「桑梓福音」／賀新婚

　(C)「流芳千古」／賀女子高壽

　(D)「喬遷之喜」／賀搬家＊

分析能力評量

第四章

　　分析強調將材料打散，再探求材料間的關係和結合方式，它也可能包含各種傳達意義或溝通技巧的設計。在學習上，分析可分成三種層次，先把材料解析為各個要素，識別或歸納要素；其次則分析要素間的關係，確定它們的影響；最後，則分析材料整體的結構。因此在國語文教學的能力培養中，分析包括指明短文的要素，關係及結構。要素為分析字形、字音、詞義、句義、語法、修辭、恰當語詞的能力。分析主題、假設、論斷、標題的能力。組織則分析短文組織原則、思想、寓義、文學技巧、風格鑑賞、及寫作優劣的能力。

　　分析的內容複雜多樣，不容分割，因此評量試題的設計多採題組形式。而分析屬較高層次的學習能力，為顧及一般學生的成就表現，有關組織的部份在教育學習中，不宜過度強調，以免增加學生的學習挫折。基測對國文科有關分析能力的要求為：

一、指明古典散文的要素、關係、組織

二、指明古典韻文的要素、關係、組織

三、指明現代散文的要素、關係、組織

四、指明現代詩的要素、關係、組織

五、指明外國文學的要素、關係、組織

六、指明知識性短文的要素、關係、組織

七、指明實用性短文的要素、關係、組織

第一節
指明各類短文的要素、關係、組織

一、古典散文

甲、基測試題

1. 王子猷居山陰。夜大雪，眠覺，開室命酌酒，四望皎然；因
   起徬徨，詠左思〈招隱〉詩，忽憶戴安道。時戴在剡，即便
   夜乘小船就之，經宿方至，造門不前而返。人問其故，王
   曰：「吾本乘興而行，興盡而返，何必見戴！」──劉義慶
   《世說新語》

   【王子猷：東晉書法家王羲之之子；山陰：今浙江省紹興縣；左思：
   西晉文學家；剡：ㄕㄢˋ，今浙江省剡縣】

   Ⅰ、從王子猷的言行來看，下列何者最適合用來形容他的表
   　　現？（921）【關係】
   (A)三心兩意(B)虎頭蛇尾(C)隨興自得＊(D)熱愛自然

   Ⅱ、下列文句有關「」的原因說明，何者正確？（依921修改）
   　　【關係】
   (A)「四望皎然」是因為大雪覆地，一片銀白＊
   (B)「因起徬徨」是因為思念友人戴安道
   (C)「經宿方至」是因為缺乏交通工具
   (D)「造門不前而返」是因為沒有人在家

2. 船頭坐三人，中峨冠而多髯者為東坡，佛印居右，魯直居
左。蘇黃共閱一手卷；東坡右手執卷端，左手撫魯直背；魯
直左手執卷末，右手指卷，如有所語。東坡現右足，魯直現
左足，身各微側；其兩膝相比者，各隱卷底衣褶中。佛印絕
類彌勒，袒胸露乳，矯首昂視，神情與蘇黃不屬。臥右膝，
詘右臂支船，而豎其左膝，左臂掛念珠倚之，珠可粒粒數
也。——魏學洢〈王叔遠核舟記〉

Ⅰ、本文是描繪王叔遠所雕刻的核舟。下列何者最適合用來形
容王叔遠的技術？（922）〔關係〕

(A)出神入化*

(B)畫龍點睛

(C)歷歷在目

(D)游刃有餘

Ⅱ、下列何者是本文的特色？（922）〔組織〕

(A)分析事理，鞭辟入裡

(B)抒情寫志，意味深永

(C)鉤勒事物，細緻生動*

(D)品評人事，幽默風趣

3. 世有伯樂，然後有千里馬。千里馬常有，而伯樂不常有。故
雖有名馬，祇辱於奴隸人之手，駢死於槽櫪之間，不以千里
稱也。

馬之千里者，一食或盡粟一石。食馬者，不知其能千里而食
也。是馬也，雖有千里之能，食不飽，力不足，才美不外見，
且欲與常馬等，不可得，安求其能千里也？

策之不以其道，食之不能盡其材？鳴之而不能通其意，執策而臨之，曰：「天下無馬。」嗚呼！其真無馬耶？其真不知馬也！──韓愈〈雜說四〉

Ⅰ、作者想藉本文來抒發什麼？（901）【關係】

(A)悲傷賢士懷才不遇＊

(B)感慨天下無馬

(C)憾恨伯樂不遇千里馬

(D)評養馬人不懂養馬的方法

Ⅱ、本文用什麼方法來表達主旨？（901）【組織】

(A)借景物來抒情

(B)借故事來說理＊

(C)用直言來勸諫

(D)用史實來批判

Ⅲ、下列文意的說明，何者正確？（901）【要素】

(A)「世有伯樂，然後有千里馬」／只有伯樂才養得出千里馬

(B)「不知其能千里而食也」／把千里馬當作普通馬來餵養＊

(C)「策之不以其道」／不能擬定正確的養馬策略

(D)「鳴之而不能通其意」／馬不能了解主人呼喚的用意

4. 有漁婦素不蓄鏡，每日梳洗，以水自鑒而已。其夫偶為買一鏡歸，婦取視之，驚告其姑曰：「吾夫又娶一新婦來矣！」姑取視之，嘆曰：「娶婦猶可，奈何並與親家母俱來！」──俞樾〈一笑〉

Ⅰ、由上文可知，漁人家中發生什麼事？（902）【關係】

(A)漁人之婦因年老色衰被丈夫遺棄

(B)漁人之婦及婆婆皆遭到新歡欺凌

(C)漁人之婦因生活經驗的限制而自尋苦惱＊

(D)漁人因愛屋及烏，也邀請新岳母來同住

Ⅱ、下列「」中的說明何者正確？（902）【要素】

(A)有漁婦「素不蓄鏡」／容貌醜陋，不喜歡照鏡子

(B)每日梳洗，「以水自鑒而已」／強調水是大自然中最好的保養品

(C)「其夫偶為買一鏡歸」，婦取視之／漁夫買鏡送給新娶的老婆來表達情意

(D)「娶婦猶可」，奈何並與親家母俱來／漁夫之母認為兒子娶新婦是無妨的＊

5.秦下圍邯鄲，趙使平原君求救，合從於楚，約與食客門下有勇力文武備具者二十人偕……得十九人，餘無可取者，無以滿二十人。門下有毛遂者，前。自贊於平原君曰：「……今少一人，願君即以遂備員而行矣。」平原君曰：「先生處勝之門下，幾年於此矣？」毛遂曰：「三年於此矣。」平原君曰：「夫賢士之處世也，譬若錐之處囊中，其末立見……先生不能，先生留！」毛遂曰：「臣乃今日請處囊中耳！使遂蚤得處囊中，乃穎脫而出，非特其末見而已。」平原君竟與毛遂偕。——司馬遷《史記·平原君列傳》

【蚤：早；錐：用來鑽孔的尖銳器具】

Ⅰ、從毛遂與平原君的對話，可以看出毛遂的個性如何？（902）【關係】

(A)韜光養晦

(B)勇於表現＊

(C)目中無人

(D)自怨自艾

Ⅱ、平原君曰：「夫賢士之處世也，譬若錐之處囊中，其末立見」的意思為何？（902）【要素】

(A)有才華必立即展現＊

(B)才情應該深藏不露

(C)人才必等伯樂而顯

(D)賢才可以改造時代

Ⅲ、毛遂曰：「臣乃今日請處囊中耳！使遂蚤得處囊中，乃穎脫而出，非特其末見而已。」這段話的意義為何？（902）【要素】

(A)承蒙厚愛，愧不敢當

(B)才能平庸，猶待歷練

(C)適才適所，必能有為＊

(D)沈寂無聞，必然無才

6. 吾輩讀書人，入則孝，出則弟，守先待後，得志，澤加於民；不得志，修身見於世；所以又高於農夫一等。今則不然，一捧書本，便想中舉人，中進士，作官如何攫取金錢，造大房屋，置多田產。起手便錯走了路頭，後來越做越壞，總沒有個好結果。其不能發達者，鄉里作惡，小頭銳面，更不可當。夫束修自好者，豈無其人？經濟自期，抗懷千古者，亦所在多有；而好人為壞人所累，遂令我輩開不得口。

——鄭板橋〈寄弟墨書〉

Ⅰ、作者認為當時讀書人受尊重的程度不如從前，其主要原因
　　何在？（911）【關係】

(A)讀書的方法不同

(B)讀書的目的不同＊

(C)讀書的態度不同

(D)讀書的內容不同

Ⅱ、本文中的詞語應用在口話中，下列何者最恰當？（911）
　　【要素】

(A)初生嬰兒「小頭銳面」、小手小腳的嬌憨模樣，真是可愛

(B)為政者若能造福鄉里，「澤加於民」，就會得到百姓的愛戴＊

(C)她的歌聲有如黃鶯出谷，當代難得一見，可說是「抗懷千古」

(D)歌迷們「守先待後」，將演唱會後台團團圍住，等待偶像出
　　現

Ⅲ、「夫束修自好者，豈無其人？經濟自期‧抗懷千古者，亦
　　所在多有」，是在說明什麼？（911）【要素】

(A)只要潔身自好，一定有欣賞自己的人

(B)有志節的讀書人，往往出於亂世之中

(C)世人都嚮往功名利祿，唯讀書人能堅定自持

(D)雖然世風日下，但是仍有懷抱理想的讀書人＊

7. 庾公乘馬有的盧，或語令賣去。庾云：「賣之必有買者，即
　　當害其主。寧有不安己而移於他人哉？昔孫叔敖殺兩頭蛇以
　　為後人，古之美談。效之，不亦達乎？」──劉義慶《世說
　　新語‧德行》

　　【的盧：凶馬】

Ⅰ、本文的主旨在說明庾公為人如何？（911）【關係】

(A)不迷信、不貪財利

(B)安分守己，逆來順受

(C)欲效法孫叔敖，追求美名

(D)有「己所不欲，勿施於人」的精神＊

Ⅱ、本文的寫作手法著重在描寫什麼？（911）【組織】

(A)人物的神采風度

(B)歷史的真實事蹟＊

(C)理想的幻滅

(D)風土與人情

8.元豐六年十月十二日，夜，解衣欲睡；月色入戶，欣然起行，念無與樂者，遂至承天寺，尋張懷民。懷民亦未寢，相與步於中庭。

庭下如積水空明，水中藻荇交橫，蓋竹柏影也。

何夜無月？何處無竹柏？但少閑人如吾兩人耳！——蘇軾〈記承天寺夜遊〉

Ⅰ、根據文意，作者為什麼要到承天寺？（912）【要素】

(A)失眠難耐

(B)心緒無聊

(C)偕友賞月＊

(D)參禪求道

Ⅱ、本文末句「但少閑人如吾兩人耳！」表達出怎樣的感概？（912）【要素】

(A)標榜自己有隨遇而安的修養

(B)自嘲自己與張懷民一事無成

(C)有閑情逸致才能欣賞到美景＊

(D)無所事事的人才能欣賞美景

Ⅲ、下列語句，何者點出了題目中的「遊」字？（912）【要
　　素】

(A)月色入戶，欣然起行

(B)相與步於中庭＊

(C)水中藻荇交橫

(D)何夜無月？何處無竹柏

9.彌子瑕有寵於衛君。衛國之法，竊駕君車者罪刖。彌子瑕母
　病，人聞，有夜告彌子瑕者，彌子瑕矯駕君車以出，君聞而
　賢之曰：「孝哉！為母之故，忘其犯刖罪。」異日，與君遊
　於果園，食桃而甘，不盡，以其半啖君。君曰：「愛我哉！
　忘其口味，以啖寡人。」及彌子瑕色衰愛弛，得罪於君，君
　曰：「是固嘗矯駕吾車，又嘗啖我以餘桃。」

　　【刖：砍斷雙腳；啖：給人食物吃】

Ⅰ、由上文可知，彌子瑕竊駕君車的原因何在？（912）【關
　　係】

(A)知法犯法，故意挑戰法令

(B)衛國之法，不處罰竊車賊

(C)母親患急病，無暇顧及法律＊

(D)與國君同遊，當然不算竊車

Ⅱ、由上文可知，彌子瑕將桃子分與衛君吃，當時衛君的想法
　　是什麼？（912）【關係】

(A)桃子很甜，彌子瑕捨不得個人獨享＊

(B)彌子瑕故意示好，以考驗衛君的愛

(C)彌子瑕平日就驕縱，不顧君臣之禮

(D)桃子是衛君的最愛，不容他人分享

Ⅲ、根據上文，衛君改變了對彌子瑕的態度，關鍵在何處？

　（912）【關係】

(A)彌子瑕仗勢欺人，衛君已經忍無可忍

(B)彌子瑕目中無人，衛君自覺受到冒犯

(C)彌子瑕不再迷人，衛君已經感到厭倦＊

(D)彌子瑕得罪他人，衛君難以再袒護他

10.天下古今成敗之林，若是其莽然不一途也。要其何以成？何以敗？曰有毅力者成，反是者敗。蓋人生歷程，大抵逆境居十之六七，順境亦居十之三四。而順逆兩境，又常相間以迭乘。無論事之大小，而必有數次乃至十數次之阻力。其阻力雖或大或小，然要之無可逃避者也。其在志力薄弱之士，始固曰吾欲云云，吾欲云云，其意以為天下事固易易也，及驟嘗焉，而阻力猝來，頹然喪矣。——梁啟超〈論毅力〉

【莽然：草叢生貌，喻人事繁雜】

Ⅰ、作者以為「無毅力者敗」，下列何者是其立論的前提？

　（912）【關係】

(A)機會稍縱即逝，不能掌握先機，當機立斷，事業難成

(B)挫折為人生所不能免，心靈脆弱，一蹶不起者，斷難成事＊

(C)成功的祕訣在嘗試，害怕失敗而怯於嘗試，將與成功無緣

(D)企圖心是衝刺的動力，胸無大志者，恐難希冀意外的成就

Ⅱ、下列敘述，何者是本文論述的方法？（912）【組織】

(A)廣泛的說明各行各業中獨佔鰲頭的人都令人敬佩

(B)以成敗對比，舉例論述事業成敗的原因極為複雜

(C)從正面立說，舉例說明意志堅強、無懼失敗是成功的關鍵

(D)從反面強調，空有理想但卻經不起挫折打擊的人難以成功＊

【說明】

此單元是評量學生閱讀理解古典散文，進而能判斷其要素、關係、組織的能力。

乙、自己動手做

1. 蘇易者，盧陵婦人，善看產。夜忽為虎所取，行六七里，至大壙，厝易置地，蹲而守。見有牝虎當產，不能解，匍匐欲死，輒仰視。易悟之，乃為探出之，有三子。生畢，虎負易還，再三送野肉於門內。──《搜神記・卷二十》

Ⅰ、就專長而言，蘇易類似今日的什麼？【關係】

(A)藥劑師

(B)助產士＊

(C)馴獸師

(D)外科醫生

Ⅱ、下列文句「」內的解釋，何者正確？【要素】

(A)夜忽為虎所「取」／婚娶

(B)「厝」易置地／安放＊

(C)有「牝」虎當產／兇猛

(D)不能「解」／理解

2. 上（皇太極）欲收承疇為用，命范文程諭降。承疇方科跣謾
罵，文程徐與語，泛及古今事。梁間塵偶落，著承疇衣，承
疇拂去之。文程遽歸，告上曰：「承疇必不死；惜其衣，況
其身乎？」上自臨視，解所御貂裘衣之，曰：「先生得無寒
乎？」承疇瞠視久，歎曰：「真命世之主也。」乃叩頭請
降。——《清史稿·洪承疇傳》

Ⅰ、洪承疇的什麼動作，被范文程看出可以招降？【關係】

(A)科跣謾罵

(B)瞠目久視

(C)泛論古今

(D)拂去衣塵＊

Ⅱ、皇太極以貂裘衣洪承疇，其真正的用意為何？【關係】

(A)哀憐其受寒

(B)平息其怒氣

(C)誘使其易節＊

(D)賞謝其請降

3. 芙蕖之可人，其事不一而足，請備述之。

一群葩當令時，只在花開之數日，前此後此，均不足觀。芙蕖
則不然：自荷錢出水日，便已點綴綠波；及其莖葉既生，則又
日高日上，日上日妍。有風，既作飄搖之態；無風，亦呈裊娜
之姿。是我於花之未開，先享無窮逸致矣。迨至菡萏成花，嬌
姿欲滴，後先相繼，自夏至秋，此則在花為分內事，在人玩賞
之常者也。及花之既謝，似可告無罪於主人矣；乃復蒂下生

蓬，蓬中結實，亭亭獨立，猶似未開之花，與翠葉並擎，不至白露為霜不已。——李漁〈芙蕖〉

【芙蕖、菡萏：皆指荷花】

Ⅰ、「自荷錢出日」一句，「荷錢」是指什麼？〔要素〕

(A)荷葉淺淺浮出水面

(B)初生的荷葉，小如銅錢＊

(C)荷葉出自污泥，十分低賤

(D)荷葉入藥，故可得錢

Ⅱ、芙蕖和其他開花植物的差別是什麼？〔關係〕

(A)莖葉比花更值得欣賞

(B)最宜在秋天觀賞

(C)花、莖葉和荷蓬皆可欣賞＊

(D)四季皆可開花

Ⅲ、下列詞語，何者形容芙蕖的花？〔要素〕

(A)逸致裊娜

(B)亭亭獨立

(C)點綴綠波

(D)嬌姿欲滴＊

二、古典韻文

甲、基測試題

1. 故人西辭黃鶴樓，煙花三月下揚州。孤帆遠影碧山盡，唯見長江天際流。（甲）——李白〈黃鶴樓送孟浩然之廣陵〉

月落烏啼霜滿天，江楓漁火對愁眠。姑蘇城外寒山寺，夜半鐘聲到客船。（乙）——張繼〈楓橋夜泊〉

Ⅰ、關於以上兩首詩的情境，下列敘述何者正確？（921）【組織】

(A)甲詩以「孤獨」為重點，乙詩以「離愁」為重點

(B)甲詩寫出了年輕人的奔放，乙詩寫出了中年人的蕭瑟

(C)甲詩寫出了離情依依的惆悵，乙詩寫出了思念故鄉的情懷＊

(D)甲詩寫出了負笈他鄉的落寞，乙詩寫出了科舉失意的潦倒

Ⅱ、關於以上兩首詩的寫作手法，下列敘述何者正確？（921）【組織】

(A)甲乙兩詩的寫作季節相同

(B)甲乙兩詩皆藉植物暗寓作者的境遇

(C)甲詩空間發展是由遠到近，乙詩則由近到遠

(D)甲詩以視覺描寫收尾，乙詩以聽覺描寫收尾＊

Ⅲ、根據甲詩的敘述，如果李白對孟浩然說了一段話，下列何者最有可能？【關係】

(A)江南暮春，鶯啼柳長，願君遍遊名園，盡賞美景＊

(B)時值盛夏，蜀中燠熱，請君避暑調息，善自珍重

(C)蒙君不棄，東來相見，弟當避席倒屣，候君長亭

(D)君將西行，塞外苦寒，容弟敬奉薄酒，以盡前歡

2. 拜將壇高卓義旗，五洲揆目屬雄獅。當時力保危臺意，只有軍前壯士知。

宰相有權能割地，孤臣無力可回天，啼鵑喚起東都夢，沈鬱風雲已五年。——丘逢甲〈有感書贈義軍舊書記〉二首

Ⅰ、這兩首詩抒發了作者什麼情緒？（922）【關係】

(A)思念故國的愁緒

(B)壯志難酬的慨嘆＊

(C)年老力衰的無奈

(D)同袍離散的遺憾

Ⅱ、下列詞語何者指的是作者本人？（922）【要素】

(A)五洲

(B)壯士

(C)孤臣＊

(D)啼鵑

3.樓上晴天碧四垂，樓前芳草接天涯，勸君莫上最高梯。□新
筍已成堂下竹，落花都上燕巢泥，忍聽林表杜鵑啼。——周邦
彥〈浣溪沙〉

Ⅰ、這闋詞中，作者想藉「登樓」表達什麼？（901）【要素】

(A)兒女私情

(B)思鄉之情＊

(C)壯志豪情

(D)悼念之情

Ⅱ、「新筍已成堂下竹，落花都上燕巢泥」這兩句的意境近於
下列何者？（901）【關係】

(A)燕去燕來還過日，花開花落即經春＊

(B)好鳥枝頭亦朋友，落花水面皆文章

(C)人生到處知何似，應似飛鴻踏雪泥

(D)勸君莫惜金縷衣，勸君惜取少年時

Ⅲ、古典詩詞中，常用一些特定的典故或詞語來表達一定的意涵。以這闋詞為例，下列各項說明，何者正確？（901）

【要素】

(A)「新筍」暗示「重生」

(B)「落花」暗示「懷舊」

(C)「杜鵑」暗示「思歸」＊

(D)「芳草」暗示「忠君」

【說明】

此單元是評量學生閱讀理解古典韻文，進而能判斷其要素、關係、組織的能力。

乙、自己動手做

1. 莫聽穿林打葉聲，何妨吟嘯且徐行。竹杖芒鞋輕勝馬，誰怕？一蓑煙雨任平生。　料峭春風吹酒醒，微冷，山頭斜照卻相迎。回首向來蕭瑟處，歸去，也無風雨也無晴。——蘇軾〈定風波〉

Ⅰ、本詞的寫作特色是什麼？【組織】

(A)議論寓諷刺

(B)抒情兼議論

(C)敘述寓哲思＊

(D)說明兼議論

Ⅱ、詞中何者能表現蘇軾從容面對憂患困境的處世態度？【關係】

(A)一蓑煙雨任平生*

(B)莫聽穿林打葉聲

(C)料峭春風吹酒醒

(D)回首向來蕭瑟處

2.去年元夜時，花市燈如晝。月上柳梢頭，人約黃昏後。今年元夜時，月與燈依舊。不見去年人，淚濕春衫袖。——歐陽修〈生查子〉

Ⅰ、根據詞的內容，下列說明何者正確？【組織】

(A)上片氣氛孤寂，下片氣氛歡愉

(B)主題重在表達物是人非的惆悵*

(C)作者用「春衫」暗示事件發生的季節是暮春

(D)依文意推斷，「元夜」可能指中秋夜

Ⅱ、根據詞的形式，下列說明何者正確？【組織】

(A)押韻處為晝、後、人、袖

(B)「去年元夜時，……黃昏後」為上片；「今年元夜時，……春衫濕」為下片*

(C)〈生查子〉是詞的題目，說明詞的內容

(D)為配合詞調的旋律，文中的字數可以任意增減

3.無言獨上西樓，月如鉤。寂寞梧桐，深院鎖清秋。　剪不斷，理還亂，是離愁，別是一番滋味在心頭。——李清照〈相見歡〉

Ⅰ、有關這闋詞的內容，下列敘述何者正確？【組織】

(A)上片抒情，下片寫景

(B)寫眼前之景亦抒發內心之情*

(C)「別是一番滋味」的「別」，可解釋為「離別」

(D)「寂寞」是指院中只有一株梧桐

Ⅱ、有關這闋詞的形式，下列敘述何者正確？【組織】

(A)〈相見歡〉是詞的題目，說明內容旨趣

(B)詞的字數固定，平仄和用韻都有一定的格式＊

(C)只要是長短句，就可以判斷是「詞」

(D)「詞」由「曲」演變而來，也可以入樂

Ⅲ、由「剪不斷」「理還亂」推敲，作者將愁緒比為什麼？
【要素】

(A)雜草

(B)長髮

(C)流水

(D)亂絲＊

三、現代散文

甲、基測試題

1. 孩子，你不要覺得我冷酷，因為你已經到了應該自己對自己
   負責的年齡。你的書不是我的書，我無法為你取捨；你的紙
   箱也不是我的紙箱，我自己都分身乏術。最重要的是：你不
   是我，更不是我的影子，我不能為你作主一輩子！——劉墉
   〈你自己決定吧〉

   Ⅰ、根據本文，作者要孩子自己作主的主要原因，下列敘述何
   者最恰當？（921）【關係】

(A)擔心太過嚴格的管教，會適得其反引起孩子的反抗

(B)孩子已經大到必須獨立，必須學會自我負責的時候＊

(C)父親為了家計忙碌奔波，有時無暇顧及孩子的需要

(D)孩子們喜歡的總是太多，父母親無法為他們作取捨

Ⅱ、下列敘述何者<u>不符合</u>本文的論點？【關係】

(A)自己的事情應該要自己去做，不要成為別人的負擔

(B)每個人都是獨立的個體，不該期待他人為自己作主

(C)要獲得一個人的信任並不容易，何況是為他作選擇＊

(D)人無法為別人負全責，所以父母怎能替孩子下決定

2. 世界就像一個很大的圖框，每個人都是其中的一小塊拼圖。
人人都不知道自己屬於哪一個部分，雖然微小，卻都是很重
要的個體，缺少了任何一個人，就無法拼湊成一幅完整的圖
畫。

至於這幅圖畫的內容是什麼呢？沒有人知道，只有不停流轉的
時間，可能會在某個時機透露出一點解答。因此人們終其一生
都在找尋自己的定位，也自然地想要尋覓和自己相似、相合、
相吸引的「其他人」，因為這樣的人就是在拼圖板上離自己最
近、最合適、擁有最相似圖形的人。

有時會以為自己找到了，但其實只是乍看之下相合，真正拼起
來就知道錯了，也就是有格格不入的感覺。

如果真的出現了相合的拼圖，不管其圖形是絢爛、是美麗、是
平凡、是空白，他們總會聚在一起，因為這是最自然的相遇，
最不勉強的結合。不管他們佔了整個世界的哪一部分，他們都
不會在乎，因為他們已經找到了真正屬於自己的定位。——改

寫自《世界拼圖》

Ⅰ、本文中的第一段中，「個人之於世界」的關係，與下列何者相當？（921）【關係】

(A)風之於風車

(B)種子之於花朵

(C)印表機之於電腦

(D)螺絲釘之於汽車＊

Ⅱ、根據本文所述，「缺少了任何一個人，就無法拼湊成一幅完整的圖畫。」這句話的寓意與下列何者最相近？【關係】

(A)一幅偉大的拼圖，必須靠許多人通力合作才能完成

(B)人是圖畫的一部分，所以要站在圖畫前才顯得完整

(C)每個人在世界舞台上都有其位置，不要輕視自己的分量＊

(D)人是群居的動物，少了一個人就不能呈現出人生的意義

Ⅲ、本文的第四段中，「他們」找到了屬於自己的定位。由此推論，下列何者是「他們」已經體會到的道理？【關係】

(A)萬物靜觀皆自得

(B)天生我材必有用＊

(C)情人眼裡出西施

(D)天涯何處無芳草

3. 現在的年輕人，所受的教育都具有中上的水準，但一提到家務事，往往退避三舍。每當客人來時，我的年輕徒弟總替我端茶待客，不僅茶碗的蓋子沒有蓋緊，走路也不懂得快慢適中，遠遠地就聽到茶盤和茶杯、茶杯和茶蓋相碰的聲音。通常我都會輕輕的對他說：「你端茶的音樂很好聽。」

事實上，欠缺調和柔順的聲音，就是一種「不當音樂」，就如美妙的語言，如果說得不適當，也是不當的音樂。沒有契合天時、地利、人和，依著機緣行事，就像端茶的音樂，使別人不願意接受我們、肯定我們。其他如錢賺來得不清不白，愛情愛得不合法、不適切等等，都像一曲難聽的演，得不到群眾的掌聲。

安定自在的心境，人人豔羨，何不從柴米油鹽醬醋茶裡，安住我們紛雜的亂心？──改寫自星雲法師〈端茶的音樂〉

Ⅰ、下列何者是本文的主旨？（922）【關係】

(A)從生活瑣事中調和身心，能促成社會祥和＊

(B)對日常瑣事應該事必躬親，才能使人心服

(C)平日頂撞尊長的言行，是造成內心雜音的來源

(D)若用心諦聽，茶杯、茶蓋相碰撞也是美妙的樂章

Ⅱ、下列的人物言行，何者也和本文端茶者一樣，演奏了「不當音樂」（922）【關係】

(A)曾點在暮春時，和朋友到沂水洗浴，乘涼後歌詠而歸

(B)他金榜題名後，像隻增添華美羽毛的小公雞，四處呱呱招搖＊

(C)數學老師試探性地問著：「有沒有人不懂？我再說一次」

(D)若別人唱歌唱得好，她必請對方再唱一遍，然後自己和著

4. 有位大師總認為自己定力深厚，所以對徒弟的要求十分嚴格。一天，突然發生大地震，大家都倉皇失措地四處竄逃，大師卻靜坐不動，慢慢喝著水，顯得老神在在。

地震過後，他召集了所有徒弟，對他們訓斥一番「你們太不成氣候了！各位沒注意到嗎？剛才大地震時，你們亂成一團，嚇

得東奔西跑，只有我一人獨坐不動，還若無其事地喝著水。有
誰看到我握杯子的手在發抖的？」

一位弟子答道：「老師，您的手或許真的沒有發抖，但您拿的
不是一杯水，而是一瓶墨水。」──改寫自魏悌香〈心靈驛站〉

Ⅰ、根據本文，可知這位大師<u>不懂得</u>什麼道理？（922）【關
　　係】

(A)反求諸己*

(B)功成身退

(C)忠言逆耳

(D)自求多福

Ⅱ、下列何者是本文的寫作方式？（922）【組織】

(A)舉種種例證來強調道理

(B)以條列方式來分析道理

(C)在輕鬆幽默中寄寓道理*

(D)以譴責的筆調闡述道理

5.人能夠關心，正表示他有熱血、有深情、有理想，所以在關
　心之後，往往也激發人產生恢宏的志趣和遠大的抱負，在生
　命中掀起壯闊的波瀾。這個波瀾如果能持之以恆、能奮鬥不
　懈地鼓盪，便必能有所成就，發展到終極，一定能對社會有
　巨大的回饋。

　因此，身處求學的階段，我們的關心雖然只像一朵小小的火
　花，但是我們仍舊要珍惜它，讓它持續燃燒，並且不斷擴展，
　以期將來能煥發出燦爛的光芒。──改寫自邵僩〈讓關心萌芽〉

Ⅰ、依據本文的論述，下列敘述何者正確？（901）【關係】

(A)一個人能夠付出關心，就能知所回饋＊

(B)求學階段能力有限，只要專注學業，就是最好的回饋

(C)有熱血、有深情、有理想的人才能關心別人，也一定有成就

(D)人之所以具有恢宏的志趣和遠大的抱負，全係得自他人的關心

Ⅱ、下列選項，何者符合本文第一段的脈絡發展？（901）〔組織〕

(A)興發志趣→付出關心→持續不懈→回饋社會

(B)持續不懈→回饋社會→興發志趣→付出關心

(C)付出關心→興發志趣→持續不懈→回饋社會＊

(D)付出關心→回饋社會→興發志趣→持續不懈

6. 唐太宗有一天退朝後，懷著滿腹怒火回到宮裡，向皇后抱怨魏徵犯顏直諫的事。皇后聽了，默不作聲地退回房中，換上禮服後，站在庭階前向太宗道賀。太宗問她何事，她回答：「吾聞國有賢君，而後有不屈之臣。桀、紂獨夫，不容逄、干。今聞魏徵抗顏直諫，是知陛下之聖明也，吾何不賀陛下？」太宗聽了皇后的話，滿腹的怒火，也就煙消雲散了。

Ⅰ、下列敘述，何者是本文的主旨？（901）〔關係〕

(A)唐太宗擇善固執，不隨波逐流

(B)魏徵心直口快，不顧太宗的顏面

(C)桀、紂、逄、干的行為，不容於天地

(D)皇后聰明機智，婉轉地化解了太宗的怒氣＊

Ⅱ、有關本文的說明，下列敘述何者正確？（901）〔要素〕

(A)魏徵以下犯上，其行徑與桀、紂無異

(B)桀、紂雖然暴虐無道，卻有忠臣魏徵的輔助

(C)太宗能接納逢、干等人的諫言，因此留名青史

(D)「國有賢君，而後有不屈之臣」，是皇后用來讚美太宗的話＊

7. 根據新聞報導：兩名求職不順的大學生突發奇想，在街頭做起「馬屁」生意來，用盡各種美麗的詞句讚美路過的上班族，一分鐘收費二十元，生意還不錯。這兩名學生是在去年八月開始這個新興行業。起先只是為了消愁解悶，站在街頭故意說好話，發現效果不錯，乾脆收費做起生意來，沒想到顧客愈來愈多。偶爾還會應邀到婚禮上和企業朝會時說些好話。眼看生意越來越好，他們已拒絕軟體公司聘書，決定靠說好話吃飯。這樣的現象，頗值得大家玩味。

Ⅰ、下列哪句話最適合用來形容這兩名大學生做起「馬屁」生意的事實？（901）【關係】

(A)學以致用

(B)缺乏自信

(C)無心插柳柳成蔭＊

(D)有志者事竟成

Ⅱ、從「馬屁」生意興隆的現象，可推知本文中上班族的心態為何？（901）【關係】

(A)貪小便宜

(B)渴望被讚美＊

(C)喜歡標新立異

(D)同情失業大學生

8. 幾乎沒有例外的，鳥的身軀都是玲瓏飽滿的，細瘦而不乾

瘤，豐腴而不臃腫，真是減一分則太瘦、增一分則太肥，那樣地穠纖合度，跳盪得那樣輕靈，腳上像是有彈簧。看牠高踞枝頭，臨風顧盼——好銳利的喜悅刺上我的心頭。不知是什麼東西驚動牠了，牠倏地振翅飛去，牠不回顧，牠不徘徊，牠像虹似地一下就消逝了，牠留下的是無限的迷惘。有時候稻田裡佇立著一隻白鷺，拳著一條腿，縮著頸子；有時候「一行白鷺上青天」，背後還襯著黛青的山色和釉綠的梯田。

——梁實秋〈鳥〉

Ⅰ、有一些詞必須由兩個或兩個以上的音節合起來才能表達意義，像「徘徊」、「葡萄」即是。上文中出現的語詞，何者與此相同？（902）【要素】

(A)玲瓏＊

(B)彈簧

(C)身軀

(D)消逝

Ⅱ、下列文句「」中的字，何者詞性與上文中「增一分則太肥」的「增」字相同？（902）【要素】

(A)纖柔典雅，眼波如「水」

(B)月「暗」星稀，蟲鳴雜奏

(C)秋「風」蕭颯，落葉紛紛

(D)過眼雲煙，倏忽即「逝」＊

9.一個人在生活中，不能夠不懂得寬容，也不能一味地寬容。一個不懂寬容的人，將失去別人的尊重；一個一味地寬容的人，將失去自己的尊嚴。對於別人的寬容，我們應該知道自

慚；而寬容地對待別人時，也應該知所節制。——汪國真〈寬容〉

Ⅰ、從文章的類別來看，這則短文屬於何種文體？（902）〔要素〕

(A)應用文

(B)記敘文

(C)抒情文

(D)論說文＊

Ⅱ、「寬容地對待別人時，也應該知所節制」，其理由何在？（902）〔關係〕

(A)為避免要求別人過嚴，對待自己過寬

(B)因為過度的寬容別人，就會流於縱容＊

(C)因為不能將別人的厚待視為理所當然

(D)為了使別人樂於親近自己，廣結善緣

10. 由於交通與通訊的進步，我們的地球相對縮小了，同時，各地區與國家之間的相互影響與依賴卻漸形重要，特別是在過去的十五年間，由於整個世界經濟的國際化，「地球村」的概念似乎慢慢在成形，而我們也一步步地走向「生活在沒有國界的世界」的境界。這次東南亞的金融風暴，確與整個世界經濟的國際化有密切的關係。同時，我們也看到人類面對的一些重要問題，例如：人口暴增、不同地區貧富差距的進一步加深，及人類活動帶來的生態與環境的破壞，已變成高度國際化的問題，也是人類必須共同面對的全球性的問題。

　　——改寫自李遠哲《二十一世紀的挑戰》

Ⅰ、這段短文的中心思想是什麼？（911）【關係】

(A)維護生態環境是人類當務之急

(B)世界性經濟不景氣正在擴大中

(C)地球上各地人民的命運將是休戚與共的＊

(D)面對新世紀，控制人口的質與量是最重要的議題

Ⅱ、以下推論，何者不符合本文的論點？（911）【關係】

(A)任何區域性金融風暴，都將影響全球經濟

(B)地球村的形成是由於人口暴增，聚集繁密＊

(C)貧富懸殊是當前人類社會重要的經濟問題

(D)溫室效應超越國界，須靠全人類共同解決

11. 宋人工藝，向具素淨灑脫之美，亦是掙脫唐人濃艷窠臼，更不用說與入清後的琺瑯相比了。北宋汝窯因在河南汝州，能「內有瑪瑙為釉」，晶瑩透澈，溫潤如君子之玉。其中的天青或蔚藍釉色，有如一湖水綠，青碧中另帶粉藍，寧靜嫻雅，透澈玲瓏；輕風一過，細看釉面，水波漣漪，透明網路狀的開片淡淡蓋印著湖水藍天，有如薄妝美人，不掩絕色。我喜歡汝窯之美，正是它的脫俗開朗，晶瑩如玉，明亮中有其雍容氣度，嫻靜中不失嚴謹大方，正是讀書人本色。——改寫自張錯〈溫潤如汝〉

Ⅰ、本文描述的宋代珍玩，最有可能是什麼？（911）【關係】

(A)木雕筆筒

(B)寫意山水

(C)美女雕塑

(D)陶瓷器皿＊

Ⅱ、根據本文，可知作者欣賞汝窯之美的主要原因是什麼？
（911）【關係】
(A)色澤光鮮，明豔照人
(B)刻鏤精工，晶瑩剔透
(C)雍容淡雅，性淨脫俗＊
(D)珍貴稀少，世所罕見

12.讀書習慣的養成，先是人為的，然後才能習慣成自然，不要
讓俗務的鎖鍊束縛了它，不要使情緒的浪潮淹沒了它。無論
你多麼煩，多麼忙，但不要忘記必須勻出讀書的時間。這
樣，才能靜靜地發現你的愛好，不至於到升學時，你還徬徨
歧途；才能睿敏地確定你的道路，不至於稍遇困厄時，就中
途投降！於是，習慣培養興趣，興趣支持習慣，你才能發
現，在我們日常柴米油鹽、你爭我鬥的現實世界以外，還有
一個多麼廣闊、奧祕，或者是肅穆的天地，足夠我們留連忘
返。──孟瑤〈智慧的累積〉

Ⅰ、下列途述，何者最符合本文的論點？（912）【關係】
(A)要先對讀書產生興趣，才能夠培養讀書的習慣
(B)不培養讀書的習慣，就不可能對讀書產生興趣
(C)養成讀書的習慣，自然能從中體會讀書的興味＊
(D)只要對讀書有興趣，有沒有讀書習慣並不重要

Ⅱ、依據本文，人應該如何才能確立人生的道路？（912）
【關係】
(A)超越現實的羈絆，藉讀書發掘志趣＊
(B)針對現實的需要，從書中找尋答案

(C)無視現實的壓力，沉醉於書中世界

(D)面對現實的挑戰，從生活累積智慧

13. 十餘年來我在醫檢工作之餘，除了沉浸於史料的解讀、尋找老部落與古戰場、採訪泰雅族的抗日遺老之外，更多次前往日本，試圖從兩方的當事人或見證者口中，釐清事件的盲點。由於當事人或是見證者皆因年邁而瀕臨凋零，拜訪遺老成為我一再探索與追溯的迫切功課。再者，近年來臺灣原住民族群面對瞬息萬變的社會，出現了一些無法適應環境的問題，了解霧社事件的經過與原住民群的歷史變遷或許有助於找出其適應不良的原因。──鄧相揚《霧重雲深‧一個泰雅家庭的故事》

Ⅰ、由上文可知，這篇報導文學所要報導的主題最可能是什麼？（912）【關係】

(A)原住民族群的社會適應問題

(B)泰雅族抗日的古戰場所在地

(C)泰雅族部落的興衰發展

(D)霧社事件的真相＊

Ⅱ、本文作者利用哪些方法來完成這篇報導文學？（912）【關係】

(A)研究相關史料、拜訪遺老與遺跡＊

(B)研究相關史料、考察族群遷徙足跡

(C)赴日收集圖書資料、拜訪遺老與遺跡

(D)赴日收集圖書資料、考察族群遷徙軌跡

【說明】

此單元是評量學生閱讀理解現代散文，進而能判斷其要旨、關係、組織的能力。

乙、自己動手做

1. 層層的葉子中間，零星地點綴著些白花，有嬝娜地開著的，有羞澀地打著朵兒的；正如一粒粒的明珠，又如碧天裡的星星，又如剛出浴的美人。微風過處，送來縷縷清香，彷彿遠處高樓上渺茫的歌聲似的。

   月光如流水一般，靜靜地瀉在這一片葉子和花上。薄薄的青霧浮起在荷塘裡。葉子和花彷彿在牛乳中洗過一樣；又像籠著輕紗的夢。雖然是滿月，天上卻有一層淡淡的雲，所以不能朗照；但我以為這恰是到了好處——酣眠固不可少，小睡也別有風味。月光是隔了樹照過來的，高處叢生的灌木，落下參差的斑駁的黑影；彎彎楊柳的稀疏的倩影，卻又像是畫在荷葉上。塘中的月色並不均勻；但光與影有著和諧的旋律，如小提琴上奏著的名曲。——朱自清〈荷塘月色〉

   Ⅰ、下列各句，何者採用以聽覺描寫視覺的表現手法？【組織】

   (A)微風過處，送來縷縷清香，彷彿遠處高樓上渺茫的歌聲

   (B)高處叢生的灌木，落下參差的斑駁的黑影

   (C)楊柳稀疏的倩影，像是畫在荷葉上一樣

   (D)塘中的月色並不均勻；但光與影有著和諧的旋律，如小提琴上奏著的名曲*

Ⅱ、「小睡也別有風味」一句是讚美什麼？【要素】

(A)月光輕瀉在葉子和花上

(B)青霧浮起在荷塘裡

(C)淡淡的雲輕籠著滿月＊

(D)讓荷香月色，悠然入夢

2.一般人常抱怨受到各種限制、束縛，殊不知如果沒有這些限制、束縛，我們可能仍舊處於一片混沌之中。如果我們的視覺和聽覺能接收任何波長的聲光，如果我們的壽命無限，那麼我們可能一事無成，我這篇文章可留待三千萬年後才寫，你更可到一億五千萬年後才看。

人類很多深刻、有意義的經驗或成就都是源自這種「有限性」，因為我只有「一個」妻子，「兩個」孩子，所以能在這種「有限」關係中提煉出清純的愛情與親情。因為五言絕句只有二十個字，而且還有押韻、平仄等限制，所以才能產生那麼多美好的詩篇。

「限制」使我們神通廣大的意識找到一個「立足點」，就像隨風或隨水飄蕩的種子，看似有無限的可能性，但終需找到一塊極有限的土壤固定下來，才能生根、開花、結果。畢卡索是繪畫天才，但他的靈感須在一個有限的畫面上始得發揮；如果要畢卡索畫出一幅無限長、無限寬的畫，我不知道他要從哪裏著筆？畫什麼？怎麼畫？一個會寫詩的人絕不會抱怨五言絕句只有二十個字，相反的，他歡迎這種「限制」，因為他知道，惟有在這有形的束縛下，他的意識才會產生璀璨的結晶。——王溢嘉《失去的暴龍與青蛙》

Ⅰ、詩人「歡迎這種限制」，細讀全文，這裡所說的「限制」
　　當指什麼？【要素】

　(A)絕句的格律＊

　(B)詩歌的押韻

　(C)詩人的意識

　(D)人生的有限

Ⅱ、文中言「如果我們壽命無限，那麼我們可能一事無成」，
　　是因為什麼？【關係】

　(A)懵懂無知的幼稚期加長，不知努力

　(B)年老力衰的老年期加長，力不從心

　(C)來日方長，難以集中精力＊

　(D)漫漫人生，努力的方向有限

Ⅲ、本文帶給我們最重要的啟示是什麼？【關係】

　(A)生也有涯，知也無涯

　(B)天下無難事，只怕有心人

　(C)少壯不努力，老大徒傷悲

　(D)在有限當中，尋求無限＊

3. 乘客都用枕頭保護著臉，身向前傾，雙手緊抱著頭。機艙服
　務員大聲說：「頭垂低！腳收到後面！」
　飛機看起來像隻大鳥伸出單爪滑向地面。巴恩比讓飛機沿著跑
　道直飛，同時把機頭拉高。「要讓它繼續凌空，不要讓它碰到
　地面！」他在心裡說：「飛機越遲著陸，落地時的速度便越
　慢。」這架總重量一百五十萬噸的飛機沿跑道飛了一陣子，右
　邊主起落架的機輪終於落到地上，發出輕微的「砰」一聲。

「關上外側引擎」巴恩比喊道。馬蒂森立刻關掉一號與四號引擎，以減少起火的危險。飛機左翼翹高，右翼傾斜向下，翼下的兩個引擎刮到水泥地面，射出連串火花。於是，巴恩比再設法把右機翼拉高到與地面平行，然後讓機頭的機輪落地。

他下令：「關二號！關三號！」飛機偏向右方，右機輪貼近跑道的邊緣，隨時可能越出跑道。飛機漸漸慢下來，左機翼下垂，左引擎刮到水泥地面。巴恩比與莫利慢慢踩下方向舵踏板與煞車踏板。飛機機腹貼著地面滑行，機身向左傾斜，不久終於完全停住。

救火車趕快開到飛機旁邊，向冒煙的輪胎噴射泡沫。飛機非但沒有爆炸，連起火都沒有。機艙裡響起一陣掌聲。——《讀者文摘·迫降》

Ⅰ、依據上文，推論「飛機看起來像隻大鳥伸出單爪滑向地面」的「單爪」，是指什麼？〔要素〕

(A)左機輪

(B)右機輪＊

(C)機頭機輪

(D)中央機輪

Ⅱ、「乘客都用枕頭保護著臉，身向前傾，雙手緊抱著頭」一句，是描寫飛機正準備如何？〔要素〕

(A)緊急降落＊

(B)正常降落

(C)緊急起飛

(D)正常起飛

Ⅲ、這篇文章主旨在描寫什麼？〔關係〕

(A)巴恩比如何使飛機安全降落＊

(B)馬蒂森如何關掉引擎

(C)莫利如何慢慢踩下方向舵踏板與煞車踏板

(D)機艙服務員如何請乘客「頭垂低！腳收到後面」

4.一位父親指著驢馬的蹄問兒子：「孩子！在驢馬的腳印上寫著很重要的訊息，你去看看，讀給我聽聽。」

兒子走過去看了又看，回答說：「空空的，沒有寫什麼。」

父親指著蹄印對兒子說：「兒啊！你看蹄印上告訴我們，已經有兩顆釘子掉落了。如果一直沒發現，及時補釘上去，最後蹄鐵就會脫落，驢蹄就會磨壞。等到磨壞之後，我們賴以養家活口搬運貨物的牲口，就不能為我們做事了。」接著又說：「書本所教給你的是文字，生活中所面對的，卻是千變萬化的東西。你要學習活的思想，不要記憶死的文字。」──鄭石岩《教師的大愛》

Ⅰ、文中父親教導兒子的主要觀念是什麼？【關係】

(A)要愛惜釘子，節省物資

(B)要居安思危，互助互信

(C)要注重生活，刻苦耐勞

(D)要仔細觀察，用心思考＊

Ⅱ、作者在這篇文章裡，運用了何種寫作技巧？【組織】

(A)先論後敘

(B)注重音韻

(C)應用例證＊

(D)多採誇飾

四、現代詩

甲、基測試題

1. 風雨怎樣凌遲
   蟲害怎樣侵蝕
   不可信靠的天空
   怎樣以多變的臉色戲弄
   吾鄉的人們

   千年以來，吾鄉的人們
   怎樣默默揮灑
   費盡思量的汗水，滋潤你們
   並以怎樣焦慮的深情
   殷殷勤勤呵護你們

   而你們無閒去思考，去議論
   千年以來，一代又一代
   你們的根，艱困的扎下土裡
   你們的枝枝葉葉
   安分的吸取陽光

   當鐮刀和打穀機，開始忙碌的合唱
   鳥仔在你們頭頂上

興奮的飛翔

只有你們明白

每一粒稻穀，是多少的辛酸結成──吳晟〈水稻〉

Ⅰ、本詩中的「你們」指的是下列哪一項？【要素】

(A)風雨

(B)上天

(C)農民

(D)水稻*

Ⅱ、下列哪一句諺語，最接近這首詩的寓意？【關係】

(A)大吃大喝顧眼前，省吃儉用度荒年

(B)一粒米，一滴汗，粒粒糧食汗珠換*

(C)草深蟲子密，林大鳥兒多

(D)春雨貴如油，冬雪得豐收

2.靈感

爬上一畝一畝泥土

種植一排一排的

防風林

執著的樵夫

用智慧的斤斧

歷經春夏秋冬

築成一幢幢

詩的小屋──王詔觀〈稿紙〉

Ⅰ、「靈感／爬上一畝一畝泥土／種植一排一排的／防風

林」，這是運用何種修辭法？（902）【要素】

(A)轉化＊

(B)映襯

(C)誇飾

(D)引用

Ⅱ、詩中的「樵夫」和「斤斧」是指什麼？（902）【要素】

(A)伐木工人和斧頭

(B)植樹者和鋤頭

(C)建築工人和圓鍬

(D)詩人和詩筆＊

3.回憶當年我養兒，我兒今又養孫兒，我兒餓我由他餓，莫教孫兒餓我兒。──《佛光詩語》

Ⅰ、詩中「父、子、孫」三人，正在挨餓的是誰？（911）【要素】

(A)父＊

(B)子

(C)孫

(D)父、子

Ⅱ、這首詩的主旨在表達什麼？（911）【關係】

(A)百善孝為先

(B)父母對子女無悔的愛＊

(C)子女有奉養父母的責任

(D)受西方風氣影響，中國孝道不存

4. 鳥翅初撲

幅幅相連以蝙蝠弧形的雙翼

連成一個無懈可擊的圓

一把綠色小傘是一頂荷蓋

紅色朝暾黑色晚雲

各種顏色的傘是戴花的樹

而且能夠行走⋯⋯

一柄頂天

頂著豔陽頂著雨

頂著單純兒歌的透明音符

自在自適的小小世界

一傘在握開闔自如

闔則為竿為杖開則為花為亭

亭中藏一個寧靜的我　——蓉子〈傘〉

Ⅰ、下列何者最貼近本詩的意旨？（911）【關係】

(A)表現作者悠閒與寧靜的心境，反照童年往事，憧憬未來人生

(B)喻為人應有頂天立地的氣概，反照童年往事，憧憬未來人生

(C)表現作者悠閒與寧靜的心境，暗喻處順境、逆境都能收放自

　　如＊

(D)喻為人應有頂天立地的氣概，不論處順境、逆境都能收放自

　　如

Ⅱ、「頂著單純兒歌的透明音符」的「透明音符」指的是什

麼？（911）〔要素〕

(A)無懈可擊的圓

(B)戴花的樹

(C)豔陽

(D)雨水＊

Ⅲ、就寫作技巧而言，本詩呈現何種特色？（911）〔組織〕

(A)善用譬喻，意象生動＊

(B)對仗工整，節奏和諧

(C)暗藏典故，旨趣深遠

(D)用語詼諧，風格清新

5. 好像

　前生是一個憂傷的君王

　變作禽鳥

　啼濺了鮮血

　尋找春天的精魂——蔣勳〈前生的記憶〉

Ⅰ、關於這首詩的體裁，下列說明何者正確？（912）〔要素〕

(A)這種詩體依規定不可押韻

(B)這種詩體產生於唐代初期

(C)這種詩體又可稱為樂府詩

(D)這種詩興起於白話文運動＊

Ⅱ、本詩中所提到的禽鳥最可能是哪一種？（912）〔要素〕

(A)精衛

(B)慈烏

(C)杜鵑＊

(D)夜鶯

Ⅲ、從本詩的描述可看出，這位化為禽鳥的君王，最可能具有下列哪一項精神？（912）【關係】

(A)專一執著＊

(B)奮發有為

(C)摩頂放踵

(D)悲天憫人

【說明】

此單元是評量學生閱讀理解現代詩文進而判斷其要素、關係、結構的能力。

乙、自己動手做

1. 忙碌操勞的阿媽

不是詩人

不懂得安適飄逸幽雅閒愁

艱苦的一生中

只知道盡心盡力流汗

一滴一滴滋養家鄉的田地

孩子啊！而你們要細心閱讀

阿媽寫在泥土上的每一步足跡

──不是詩人的阿媽

才是真正的詩人──吳晟〈阿媽不是詩人〉

Ⅰ、作者認為，一般所稱的「詩人」有什麼特色？【關係】

(A)盡心盡力，細心閱讀

(B)安適飄逸，幽雅閒愁*

(C)將生命的足跡，寫在泥土上

(D)忙碌操勞，一生艱苦

Ⅱ、為什麼作者會認為阿媽才是真正的詩人？【關係】

(A)因為刻苦操勞的生活，就是一首首動人的詩篇*

(B)操勞、艱苦、流汗是詩的本質

(C)寫在泥土上的詩句像詩一樣美妙

(D)用文字寫的詩，不是真正的詩

Ⅲ、由這首詩看來，可推斷阿媽是做什麼工作的人？【關係】

(A)搖筆桿的詩人

(B)沿街叫賣的攤販

(C)單純的家庭主婦

(D)耕田種地的農婦*

2.

（甲）一粒松子落下來

　　　沒一點預告

　　　該派誰去接它呢

　　　滿地的松針或松根

　　　滿坡的亂石或月色

　　　或是過路的風聲

　　　說是遲

　　　那時快

　　　　一粒松子落下來

　　　　被整座空山接住

（乙）懷君屬秋夜

　　　　散步詠涼天

　　　　空山松子落

　　　　幽人應未眠

Ⅰ、以上兩首詩的體裁為何？〔要素〕

(A)甲為新詩，乙為絕句＊

(B)甲為散文，乙為律詩

(C)甲為新詩，乙為律詩

(D)甲為散文，乙為絕句

Ⅱ、有關詩的要旨，下列敘述何者較正確？〔關係〕

(A)甲詩詠物傷春

(B)乙詩懷念君王

(C)甲詩描寫山水美景

(D)乙詩思念故人＊

3. 我走上街，

　　人行道上有一個深洞，

　　我掉了進去。

　　我迷失了……我絕望了。

　　這不是我的錯，

　　費了好大的勁才爬出來。

　　我走上同一條街，

人行道上有一個深洞，

我假裝沒看到，

還是掉了進去。

我不能相信我居然會掉在同樣的地方。

但這不是我的錯。

我還是花了很長的時間才爬出來。

我走上同一條街。

人行道上有一個深洞，我看到它在那兒，但還是掉了進去

……

這是一種習氣。

我的眼睛張開著，我知道我在那兒。

這是我的錯。

我立刻爬了出來。

我走上同一條街，

人行道上有一個深洞，

我繞道而過。

我走上另一條街。

Ⅰ、根據上文可推論，作者以「街」和「洞」象徵什麼？〔組
織〕

(A)人生目標和機會

(B)處事態度和時勢

(C)學習歷程和挫折＊

(D)文學創作和才氣

Ⅱ、下列說明，何者最能表達本詩的要旨？ 〔關係〕

(A)知過能改，善莫大焉＊

(B)為山九仞，功虧一簣

(C)事不關己，關己則亂

(D)差以毫釐，失之千里

五、外國文學

甲、基測試題

1. 很少有季節是真正從日曆上所記載的那一天開始。相反的，季節是一種質感的經驗：當我們感到光線的質地、白晝的長度和皮膚所感受的空氣有一些幽微的變化，我們便察覺到，大自然正進行一些變化。

「小時」便是一天中的季節，它們最初的意義帶有神秘的意味。先人並不依賴鬧鐘作息，而是把時間擬人化，視之為萬物生長、盛開和結果的永恆流轉之信差。在地球萬物生長和變化所開展的韻律中，每一小時都有一個遠比我們固定的時鐘刻度更為豐富而複雜的性格和面貌。

今天，即使是在忙碌的城市生活中，我們依然注意到黎明、清晨、上午與正午皆分別擁有它們獨特的性質。陰影漸長的下午和天色漸暗、華燈初上時的性格，便全然不同。──大衛・史坦德《寂靜之聲・一天中的季節》

Ⅰ、「『小時』便是一天中的季節」，其主要的寓意何在？

（901）【組織】

(A)一天中每時每刻的變化都有獨特的內涵＊

(B)不要過於重視時間的挪移，以減輕壓力

(C)對先民而言，時間的流轉具有永恆的意義

(D)時間的刻度像人一般的催促我們及時工作

Ⅱ、下列敘述，何者和本文對時間的觀感最相似？（901）【關
係】

(A)一日之計在於晨

(B)因循不覺韶光換

(C)少壯不努力，老大徒傷悲

(D)一沙一世界，剎那可為永恆＊

2. 我很清楚地了解，要到達一個確定的目標，必須有人出來領
導，啟發思想，從事指揮，並負擔大部分的責任；但被領導
的人卻不應該被驅策，他們應被允許選擇他們自己的領袖。
在我看來，把社會分成許多階級的種種區別都是虛假的；這
些區別，分析到最後，都是依靠強力的。我相信每個寡頭的
暴力制度，一定造成墮落；因為暴力無可避免地會引來一些
道德低下的人。由於這些理由，我堅決反對專制的軍國主
義。——愛因斯坦〈我心目中的世界〉

Ⅰ、有關本文的理解，下列敘述何者正確？（922）【關係】

(A)社會階級的區分，有助於治理

(B)被領導的人有權選擇自己的領袖＊

(C)獨裁者以暴力統治，較易維持安定

(D)有領導慾和責任感的人，才能擔當領袖之職

Ⅱ、下列何者<u>不是</u>作者反對軍國主義的理由？（922）【關係】

(A)容易以強力區別社會階級

(B)容易放任人民，製造不安＊

(C)容易因暴力而造成墮落

(D)容易引來道德低下的人

【說明】

此單元是評量學生閱讀理解外國文學進而判斷其要旨、關係、結構的能力。

乙、自己動手做

1. 腳底下踩著地毯，我們輕鬆的，斜斜走向一排還沒有人坐的扶手椅。我們盤坐其上，享受小小挪動姿勢所帶來的愉悅感受。

四周黯淡了下來，祭壇似的銀幕亮了。我們將如空中的魚、水裡的鳥一樣飄游。身體就要鈍化麻木，變成英國的鄉村、紐約的大道，或是布列斯特地方的雨。我們是生命、是死亡、是愛、是戰爭，湮沒在灰塵飛舞的漏斗狀光束裡。當「劇終」的字眼打在銀幕上的時候，我們仍然沉酣虛脫，暫停呼吸。這時，不要馬上開口說什麼話，應該在這個讓人暈眩的地毯上，耐心等候前面的觀眾先走過去，然後像太空人一樣，靜靜享受一種暫時失重的奇妙感受。──改寫自菲立普·德朗《第一口啤酒的滋味·電影》

Ⅰ、這篇文章是在抒寫什麼？【關係】

(A)盼望看電影的心情

(B)對電影情節的感動

(C)看電影的種種觀感

(D)電影放映時的種種想像＊

Ⅱ、有關「我們將如空中的魚、水裡的鳥一樣飄游。」一句的
　　說明，何者最合理？〔要素〕

(A)這時銀幕上正出現飛魚、水鳥的報導

(B)形容電影的配樂輕悄悄的在耳邊響起

(C)在光影的投射下，觀眾的想像力自由飄游＊

(D)這是立體電影，觀眾錯覺魚飄鳥游

Ⅲ、「我們盤坐其上，享受小小挪動姿態所帶來的愉悅感受。」
　　一句，是指坐下後如何？〔要素〕

(A)為自己調整最舒服的坐姿＊

(B)擺出最優美的坐姿

(C)挪動坐姿，舒活筋骨

(D)左搖右晃，表現觀察的喜悅

2. 由於一場可怕的瘟疫，牧羊人的一群羊都死光了。狼聽到這
　消息，便來安慰牧羊人。

　「羊倌」狼說道：「聽說你很不幸，一群羊都死光了。這是真
　的嗎？多麼善良虔誠的一群羊啊！我為你難過，我真要泣出血
　淚呢。」

　「謝謝你啊，狼先生，」牧羊人說「我知道你是富有同情心
　的。」

　「的確，」牧羊人的狗補充道：「每逢鄰居的不幸令牠也有損

失的時候，牠倒是有同情心的。」──萊辛〈狼和牧羊人〉

Ⅰ、這則寓言可以用哪一句成語來形容狼？【關係】

(A)黃鼠狼給雞拜年

(B)呷緊弄破碗

(C)貓哭耗子假慈悲＊

(D)亡羊補牢

Ⅱ、依據上文，下列角色扮演何者正確？【關係】

(A)牧羊人── 寬宏大度

(B)狼── 及時悔悟

(C)羊── 消極認命

(D)狗── 洞悉實情＊

3.一個身影飛掠月下。

牠的翅膀不發一聲。

牠的爪子長，牠的嘴喙亮。

牠的眼睛遍嚐夜晚所有的角落。

牠叫了又叫；所有的空氣都膨脹起伏

像水般上下刷洗。聆聽貓頭鷹的耳朵相信

死亡。屋簷下的蝙蝠，

石頭邊的老鼠靜止如死亡──

貓頭鷹的空氣像水一般洗過牠們。

貓頭鷹在夜晚裡頭來來回回，

夜晚也「甲」。──Randall Jarrell〈夜晚的鳥〉

Ⅰ、「所有的空氣都膨脹起伏／像水般上下刷洗」是形容什

麼？【要素】

(A)水面波動的景象

(B)動物潛藏在水裡

(C)叫聲迴蕩在空中＊

(D)鳥類正在飛翔

Ⅱ、「甲」處較恰當的語詞是什麼？〔要素〕

(A)進入夢鄉

(B)屏住氣息＊

(C)忙忙碌碌

(D)戰戰兢兢

Ⅲ、營造本詩氣氛與情境的主角應該是何者？〔要素〕

(A)老鼠

(B)蝙蝠

(C)貓頭鷹＊

(D)月亮

4. 曾有一個小丑，一直過著快樂的生活，但漸漸有些流言傳到
他的耳朵裡，說他被公認為是個愚蠢鄙俗的傢伙。小丑極為
困擾，開始想法子制止那些流言。

他在街上遇到一個熟人，那人誇獎起一位著名的畫家。「得了
吧！」小丑提高聲音說道，「這個畫家早就被認為過氣了，您
還不知道嗎？」此人感到吃驚，但立刻同意了小丑的說法。

「今天我讀到一本好書。……」另一個熟人告訴他。「得了
吧！」小丑提高聲音說道，「這本書一點意思也沒有，大家早
就不看這本書了，您還不知道嗎？」此人也感到吃驚，但接著
也同意了小丑的說法。……

總之，人們在小丑面前無論讚揚什麼，他都一概駁斥，有時候他還以責備的口吻補充說道：「您至今還相信權威嗎？」

「好一個毒辣的人！」小丑的朋友開始議論起他來，「不過，他的看法真是不簡單啊！」

後來，一家報社請小丑主持一個評論專欄。小丑開始批判一切人和事，更加表現出趾高氣揚的神態。年輕人崇拜他，並且害怕他。——改寫自屠格涅夫〈小丑〉

Ⅰ、小丑制止流言的方法是什麼？【關係】

(A)藉批評他人提升自己的地位＊

(B)全力反駁，維護自己的名譽

(C)利用流言的力量反擊流言

(D)保持緘默不做正面回應

Ⅱ、年輕人之所以成為崇拜小丑，是因為小丑如何？【關係】

(A)善於批評別人

(B)已經成為新權威＊

(C)具有真知灼見

(D)在報社寫評論。

Ⅲ、這段短文主要諷刺世人的何種弊病？【關係】

(A)言行不一

(B)得意忘形

(C)盲從而不知獨立判斷＊

(D)常將快樂建築在別人的痛苦上

六、知識性短文

甲、基測試題

1. 自二十一世紀中期起，所有娛樂、人際接觸與各類知識的傳遞，都是從被稱為「終端機」的螢幕開始，從網際網路當中，我們可以獲得一切的資訊，家家擁有一個或多個螢幕已屬常態。到了二〇八〇年，每個房間的四面牆上都有螢幕的情形將不足為奇，即使是在廚房裡切麵包或者蹲廁所的時候，天下事仍盡在我們的視力範圍內，世界就站在廚房的桌上。時間不空揮霍，放著絕佳機會不加以利用簡直是麻木不仁。

未來，我們可以論及真正的雙邊交流。藉由網路，不僅能夠從螢幕上取得各種形式的資料，亦可與任何一個人有所接觸。那時人類已經永久遠離街頭與廣場，終端機成為我們的休息場所。想要放鬆心情的人，只能回家買蕃茄或其他人聊天了！——

——改寫自賈德《賈德談人生》

I、根據上文的敘述，可以推知下列哪一個現象？（912）〔關係〕

(A)未來世界可以透過終端機顯現，並藉由網路加以操控

(B)未來家庭除了廚房浴廁外，都是瀏覽世界萬象的起點

(C)未來世界的人際接觸，大部分來自家庭的螢幕終端機＊

(D)人們將自家中接收外來資訊，而以城前為休閒娛樂區

II、根據上文，「想要放鬆心情的人，只能回家買蕃茄或與其

他人聊天了！」這句話傳達的主要意思是什麼？（912）

【要素】

(A)人們忙於資訊交流，無暇放鬆心情

(B)在網路上與人聊天，既安全又隱密

(C)農產品藉由網路配銷，是未來的趨勢

(D)想要放鬆心情，必須靠網路與人溝通＊

2. 以下是小傑閱讀「賽亞石」的相關報導，所寫的心得報告

賽亞石介紹

賽亞石主要是由賽亞地熱谷溫泉中所含的重金屬化合物，以及微量的放射性元素，在適當的自然條件下，結晶於含黃鉀鐵礬的白化黏土上而形成。這種具微量放射性的礦物，雖無經濟價值，但當地居民認為，賽亞石可以促進血液循環，達到身體健康的目的，因此特別受到喜愛。

賽亞石也是一種具有高度科學與教育意義的天然物產，也是全宇宙首先發現在賽亞國的珍貴稀有礦物，本來應該立法保存並指定保護。但從靈紀1103年，賽亞地區的房屋、建築物開始大量增加，旅館、浴室、廚餘廢水及建築廢棄物等皆任意排放、丟棄於賽亞溪中；旅館業者也在賽亞溪上游興建停車場，破壞了原有溪流高低起伏的地形。由於賽亞溪溪流中河道迂積，廢水大量排放，自然溪流中的溫泉活動完全消失，使得賽亞溪再也沒有生成「賽亞石」的條件。

無法孕育賽亞石的塞亞溪嗚咽著，再次提醒人們環境保育的重要。

Ⅰ、從小傑的文章中可知，下列對賽亞石應被保護的敘述何者

　　正確？（922）【關係】

(A)科學家認為，賽亞石可治療疾病

(B)賽亞石可以用來偵測放射性物質

(C)賽亞石是一種高經濟價值的礦物

(D)賽亞石是賽亞國重要的自然資產＊

II、小傑的文章中有一個錯字，是出現在下列哪一句？（922）

　　【要素】

(A)賽亞溪溪流中河道迂積，廢水大量排放＊

(B)賽亞石可以促進血液循環，達到身體健康的目的

(C)賽亞國的珍貴稀有礦物，本來應該立法保存並指定保護

(D)旅館、浴室、廚餘廢水及建築廢棄物等皆任意排放，丟棄於
　　賽亞溪中

3. 從民國四、五十年代至今，數十年柳杉造林的結果，直接改
變了檜木林相。而今，全臺檜木天然林僅存棲蘭及秀姑巒地
域。其中，棲蘭的檜木天然林更是全球唯一的扁柏純林。
　車行在棲蘭山區內，望向窗外的檜木林，許多不知名的小草、
闊葉樹，在林下昂首掬飲著綿綿落下的細雨，相傳此地的樹幹
上曾經長滿了蘭花，所以才有「棲蘭」地名的由來。對人類而
言，這些植物雖不若檜木來得實用，但它既然生長在那裡，就
該有它生存的理由吧。棲蘭檜木天然林內，有許多物種是臺灣
以外的地方都找不到的，例如鴛鴦湖裡的東亞黑三菱、水麻
花。目前雖不知它們的用處，但也許有一天，我們會發現它們
具有某種基因，能夠成為某種藥材也不一定。
　隨著全球環境變遷，例如聖嬰現象、臭氧層破洞、酸雨等問

題，森林的環境已今非昔比。國際上，整個森林經營的方向已朝向生態化發展。環環相扣的物種，哪一個該為人類「以人為主」的觀念所犧牲？——改寫自翁瑜敏〈臺灣檜木〉

Ⅰ、以上報導，最適合使用下列那個標題？（902）【關係】

(A)尋找藥材的丁故鄉／鴛鴦湖之旅

(B)自然生態的明天／森林經營＊

(C)物種孕育之源／造林

(D)森林瑰寶／扁柏

Ⅱ、下列敘述，何者是本文的主要觀點？（902）【關係】

(A)臭氣層破洞及酸雨嚴重危害了臺灣檜木林的生態平衡

(B)檜木林中的附生植物，具有成為珍貴藥材的某些基因

(C)人類不宜因私利犧牲任何物種，以免破壞林木的生態環境＊

(D)樓蘭山區成為全球唯一的扁柏純林，是造林不當的後遺症

【說明】

此單元是評量學生閱讀理解知識性短文進而能判斷要素、關係、組織的能力。

乙、自己動手做

1. 巴黎鐵塔是人類建築史上的里程碑，這座里程碑並非過去石塊所堆砌的建築，而是完全以鋼鐵鑄造，屬於新時代的建築。同樣的，設計這座鐵塔的人也是屬於新時代的人。艾菲爾建造了巴黎的地標鐵塔，但他卻不是建築師，而是一位機械工程師。艾菲爾不但是傑出的工程師，更是具有前瞻眼光

的人。在工程進行時，他甚至為工人們在塔座的上層，設計了一個工人餐廳，使工人不必上上下下吃飯、休息，這樣不僅增加效率，也減少意外的發生。1889年完工的巴黎鐵塔，迄今結構仍然十分堅固，當年以鑄鐵建造的作法，正是現代高科技建築所使用的方式。

巴黎鐵塔從人類科技的角度而言，的確是座偉大的建築物，人類終於可以從高空之處，以上帝的眼光俯瞰自己所居住的城市。因此，從某個角度而言，艾菲爾也改變了人類對世界的看法。

不過，當年巴黎市民對無論從都市的任何角落都可以仰望鐵塔的身影，感到無法忍受，於是群起抗議。為了避免鐵塔遭受被拆除的厄運，艾菲爾除了極力為鐵塔的美學形式辯護外，也將鐵塔變成一座實驗室，加強它在科學上的功能與價值。其後幾年，艾菲爾除了研究自由落體的空氣阻力、空氣動力學，也進行電波發射等實驗。1923年艾菲爾逝世，而直到1964年，鐵塔才被列為古蹟，免於被拆除的危機。

艾菲爾鐵塔打破了舊有保守的觀念，也喚醒人們對新時代的渴望，百年之後，依然讓人感到振奮與樂觀。——改寫自李清志〈艾菲爾與鐵塔〉

I、巴黎鐵塔完成時，居民雖群起反對，卻仍被保留下來。其間的關鍵是什麼？【關係】

(A)巴黎市民求新求變的精神

(B)艾菲爾的智慧與因應方式＊

(C)巴黎鐵塔在科學上的貢獻

(D)巴黎人將這個新地標列為古蹟

Ⅱ、下列敘述，何者<u>不是</u>巴黎鐵塔所代表的新時代精神？〔關係〕

(A)建造者的身分不是建築師

(B)促成科學研究的發展＊

(C)改變人類觀看世界的角度

(D)創造新的建築方式

Ⅲ、下列何者最能說明本文的要旨？〔關係〕

(A)建築改變人類對世界的看法

(B)巴黎鐵塔保衛戰

(C)艾菲爾對巴黎的貢獻

(D)艾菲爾與鐵塔的前衛精神＊

Ⅳ、本文採用何種寫作方法？〔組織〕

(A)以說明介紹事物＊

(B)以論說討論問題

(C)以類比闡明事理

(D)以定義表達概念

2. 鬥魚喜歡把巢築在水面上，並以空氣和唾沫為材料。這些巢由一大堆空氣泡泡黏在一起，半浮半沉地飄在水面上，氣泡的外面還用唾沫塗上一層頗有韌性的膜。

鬥魚一旦起意築巢，牠的身上就會發光，而那件五顏六色的彩衣，也就更加漂亮，尤其當雌魚游近時，這些顏色會立刻加深，好像上過釉似的。牠會像閃電般衝向她，通體發光。這時，雌魚如果也準備好要聽從大自然的呼喚，她那淺棕色的皮膚就會浮起一條條淺灰色的紋，而且她會將鰭收緊，慢慢朝著

新郎游去。牠立刻興奮的發起抖來，魚鰭張開的好像就要裂開。只見牠滴溜溜的一轉，身上最華麗的一面，就正對著新娘。這樣自我炫耀一番後，牠再用一種靈巧而優雅的步態，向家的方向游去。這時無論腰肢的扭動或鰭尾的搖擺，都不是為了加快速度，牠還頻頻回頭，含情脈脈地看著跟在後面羞答答的新娘子。

雌魚就這樣給帶到了新房下方，緊接著是一場精采的「愛的嬉戲」，動作的細膩優雅像在跳小步舞，風格的特殊美妙只有巴里島上的祭神舞差可比擬。而雄魚永遠把牠最華麗的一面對著雌魚，雌魚則永遠在雄魚右側。一旦到了巢下，雄魚就開始圍著雌魚打轉，雌魚緊跟著，並永遠把頭部正對著牠。就這樣牠們的圈子愈跳愈小，最後就到了巢下正中央的部分。這時牠們的顏色會愈來愈亮，動作也愈見瘋狂，終於牠們的身體接觸了。牠們的身體抖動著，瞬息之間就完成傳宗接代的動作。

這時雌魚好像是昏迷了，有幾秒一動也不動，雄魚卻立刻忙碌起來。受精後的卵子雖然小而透明，卻比水重，當它們沉向水底時，雄魚輕輕的放開舞伴，滑到水底，把魚卵撿起來，含在嘴裡。到了窩附近，就把它們吐進窩裡。這時每一粒卵都已經裹上一層唾液，可以浮在水上。這事需急急去做，不然透明小粒一下子就會混在泥裡，找不到了。而且萬一雌魚醒來，她也會搶著將魚卵含在嘴裡，但是魚卵進了雌魚的嘴裡，就再也找不到了。雄魚對這事知道的很清楚，所以一旦他們交配過十次到二十次後，雌魚的卵都已安全進入氣泡，牠就再也不許她走進窩邊了。——改寫自勞倫茲《所羅門王的指環》

I、這篇文章的主旨是什麼？【組織】

(A)鬥魚優美的舞姿與發光的身體

(B)雌魚如何表達愛意，照顧幼魚

(C)雄魚的築巢技巧與照顧幼魚的辛勞

(D)雄魚求偶，照顧魚卵的過程＊

Ⅱ、根據上文，下列雄魚求偶過程的說明，何者正確？【關係】

(A)築巢→示愛→打轉→共舞→交配

(B)示愛→築巢→共舞→打轉→交配

(C)共舞→築巢→打轉→示愛→交配

(D)築巢→示愛→共舞→打轉→交配＊

Ⅲ、根據上文，下列有關雌魚的說明何者正確？【關係】

(A)以淺灰條紋，收緊魚鰭呼應雄魚的示愛＊

(B)在愛的嬉戲中，始終跟隨在雄魚的左側

(C)打轉時永遠把最美麗的一面對著雄魚

(D)把魚卵含在中，用唾液保護它們

Ⅳ、根據上文，下列有關雄魚的說明何者正確？【關係】

(A)將氣泡巢建築在水池底部

(B)用唾液包裹幼魚使它們能浮出水面

(C)用扭動腰肢或搖擺鰭尾，幫助雌魚辨識方向

(D)用發光的彩衣，優美的舞姿吸引雌魚＊

3. 番茄是蔬菜還是水果，一直眾說紛云。因為番茄不僅適合烹
調，生食口感亦佳。於是，有人將糖分熱量較低的大番茄歸
為蔬菜，而將較具甜味的小番茄畫為水果。

近幾年來，番茄能增加免疫力的報告不斷被提出，尤其是在防
癌方面的功效更引人注目。研究者針對常食用番茄製品者進行

調查，發現他們的致癌率較一般人低。番茄中含有一種穀胱甘肽物質，可延緩體內某些細胞老化和降低癌症的發病率，豐富的維生素C可防治動脈硬化，更能與亞硝胺結合，達到防癌的效果。其實，姑且不提番茄所含的抗癌因子，單就其豐富的維生素及礦物質，就足以評定為優良蔬果。番茄中富含纖維，可清潔腸壁、幫助消化；維生素A有明目作用，並可增強肌膚彈性和強健骨骼；維生素B群具有消炎功用（尤其是口角發炎）；維生素C在加熱過程中的耗損率遠低於其他蔬菜，可充分被人體吸收；維生素H可調節皮脂腺的分泌；維生素P可強化血管壁，此外，番茄含有豐富的果膠，可抑制高血壓。——改寫自《讀者文摘》

Ⅰ、蕃茄無法明確歸類為水果或蔬菜的原因？【關係】

(A)蕃茄的糖分不固定

(B)熱量較低

(C)可以生食和烹調＊

(D)是價廉物美的食物

Ⅱ、下列敘述，何者<u>不是</u>蕃茄具有防癌功能的原因？【關係】

(A)蕃茄能增加免疫力的報告不斷被提出＊

(B)含有穀胱甘肽的物質

(C)維生素C能與亞硝胺結合

(D)維生素C在加熱過程中，較不容易受損

Ⅲ、根據上文，蕃茄可能提供什麼？【關係】

(A)充足的蛋白質

(B)豐富的熱量

(C)完整的礦物質

(D)多樣的維生素＊

4.當二氧化硫與氧化氮不斷從發電廠、冶煉廠和其他工廠的煙
 囪及汽車的排氣管滾滾排出，升上天空時，這些無色氣體在
 陽光下轉化並與水接觸，就以酸雨、酸雪的形態降落地面。
 酸雨已經成為工業化國家最關注的環境問題之一。台灣工業化
 的發展起步較遲，對酸雨的研究也比北美和歐洲落後。台灣的
 酸雨約有四分之三含有硫酸，主要來源是火力發電廠及各種工
 業。和過去許多歐美國家一樣，政府和工業界都贊成建造較高
 的煙囪，以便把污染物送到高空，讓它飄走。但這種方法只解
 決了當地的問題，污染物在高空稀釋後，將散播到更廣大的地
 區。酸雨的其他成分則是燃燒石化燃料間接產生的硝酸，大部
 分來自交通運輸工具。近年台灣北部雨水的PH值通常是四左
 右，即含酸量高出正常五十多倍。
 政府已於1992年通過空氣污染管制法，制定了排放二氧化硫的
 嚴格標準，並實施罰款辦法，另外從1998年7月開始，排放氧
 化氮的工廠需繳納空氣污染防制費。如果民眾能積極配合環保
 署推行的空氣改善計劃，相信還有時間採取更多的補救行動。
 只是專家們憂心：「台灣人民對環境的觀點跟西方人不同。許
 多人仍然相信人類是萬能的，他們認為現在破壞了環境，將來
 還有機會補救。」——改寫自《讀者文摘·酸雨襲台灣》

Ⅰ、上文第三段，較好的標題是什麼？【關係】

(A)酸雨的污染源＊

(B)酸雨對台灣工業的破壞力

(C)酸雨的形成及其影響

(D)酸雨的防治改善計劃

Ⅱ、根據上文，專家認為解決台灣酸雨問題的困難是什麼？

　　【關係】

(A)研究資料取得不易

(B)他國飄來的廢氣難以控制

(C)環保觀念未能完全建立＊

(D)政府政策推動緩慢

Ⅲ、上文曾討論到下列哪一個主題？【關係】

(A)污染資料的統計分析

(B)歐洲環境污染的研究報告

(C)森林生態系統全面崩潰的報導

(D)台灣防治污染工作的缺失＊

5. 由強納森・溫納原著的《雀喙之謎》一書，是以葛蘭特夫婦
在加拉巴哥群島上所進行長達二十年的研究為主軸，生動地
描述了現實生活中生物演化的例子。

科學家對生物演化的存在並沒有存疑，學界所廣泛討論的是生
物演化是如何進行的。就生物的外表來說，生物學家普遍認為
「自然淘汰」的作用最大。「自然淘汰」其實就是物種在生存
上所面對的環境壓力。葛氏夫婦在長達二十多年對芬雀的研究
之後，提出更多「自然淘汰」的正面證據。例證之一是在三年
半裡只有五公釐雨量的生存環境下，他們發現芬雀以喙變長的
改變，適應生存環境。由此可知生物演化的速率，也可以相當
的快。

本書的另一個主軸是介紹生物演化的觀念。它使我們再次體驗

到生物演化對現實生活的啟示。在農業與醫藥界中,我們大量使用殺蟲劑及抗生素,到頭來,抱怨的還是農夫及醫生。因為殺蟲劑及抗生素對害蟲及細菌就是不良的生存環境,就像芬雀一樣,惡劣的環境加快了害蟲及細菌「生物演化」的速度。

——改寫自劉德祥《雀喙之謎》書評

Ⅰ、本文中關於「生物演化」觀念的敘述,下列何者正確?
【關係】

(A)根據「適者生存」的原理,生物必須主動改變環境,方便自己的生存

(B)當環境改變時,生物也會隨之改變自己的遺傳基因以求生存＊

(C)人類的科技能控制生物演化的進行

(D)生物演化的速度都極緩慢

Ⅱ、「惡劣環境加快了害蟲及細菌的『生物演化』速度。」一句,是指殺蟲劑及抗生素的使用將造成何種後果? 【關係】

(A)害蟲及細菌的休眠期縮短,危害人類世界的時間更長

(B)自然界的物種將會減少,造成農業上及醫學界的後遺症

(C)害蟲及細菌將產生抗藥性＊

(D)害蟲及細菌的繁殖速度更快

Ⅲ、閱讀上文,試推論下列敘述,何者與「自然淘汰」關係最大? 【關係】

(A)由於空氣污染,樹皮顏色由灰變黑,於是灰蛾數量減少,黑蛾數量增加

(B)近年來茶葉價格上漲,農民紛紛將果園改成茶園,茶葉收成大增

(C)地球溫度增高造成海平面上升,陸地面積相對減少森林被濫

墾的地區，容易造成土石流。

(D)森林被濫墾的地區，動植物的數量也會減少＊

6. 太陽魚教養子女的方法十分有趣引人。任何人，只要看過牠們時時對卵或幼魚輕撫一道輕流，或小心地帶著幼魚試水，都會永難忘懷。而當魚能游泳之後，魚爸爸或魚媽媽晚上安置牠們上床的景象，更是可愛。通常幼魚在沒有滿月之前，只要天一黑，就要回到牠們孵卵孵化的洞裡睡覺。這時做媽媽的會站在巢的上方，擺動魚鰭，讓暗紅脊鰭上的青色斑點，像寶石般的閃閃發光。幼魚見到了這種信號，立刻會聚集到母親的身邊，聽話的回到巢裡睡覺。這時，魚爸爸也會到處尋找走失的孩子。

一旦找著，牠總是直截了當地把孩子吸進嘴裡，帶回家，再把牠們一起吐在洞裡。這時，小魚們馬上就會重重地沉洞底，並且一直停留到第二天早晨。原來這是一種奇妙的反射作用；幼魚的氣囊一到入睡的時候，就會自動地、緊緊地收縮起來。而當魚爸爸把幼魚含在嘴裡時，這種變重的反應也會發生。

有一次，當魚爸爸一邊把孩子趕回巢睡覺，一邊偷空吞下一段蚯蚓尾巴時，忽然看見一條幼魚正在水裡游來游去，牠立刻追上那條幼魚，並且一口氣吞進早已塞滿蚯蚓肉的嘴裡。這一下子可就精彩了，現在牠的嘴裡有兩樣東西，一樣要進胃，一樣要進巢，牠會怎麼辦？牠頓在那裡一動也不動，滿嘴的肉也顧不得吃了。就在這一刻，我總算看到魚怎樣想心事，動腦筋了。魚爸爸就這樣呆了好幾秒，然後把嘴裡所有的東西都吐出來，等到蚯蚓及幼魚自然沉到水底後，再不慌不忙的把蚯蚓吃

掉,並且監視著躺在水底的小孩。等牠吃完後,立刻又把小孩吸進嘴裡,帶回家。——改寫自勞倫茲《所羅門王的指環,可憐的魚》

Ⅰ、幼魚怎麼知道何時該回家睡覺了? 【關係】

(A)月光會像發亮的寶石,親切召喚幼魚回家

(B)魚爸爸直截了當的把幼魚吸進嘴裡,帶回家

(C)魚媽媽會擺動脊鰭,發出信號,召喚幼魚＊

(D)天一黑,幼魚就會自動回到洞裡睡覺

Ⅱ、魚爸爸吐出嘴裡的東西後,為什麼幼魚會和蚯蚓一起沉到水底? 【關係】

(A)幼魚睡覺時,氣囊會自動張開,充滿空氣

(B)當魚爸爸把幼魚含進嘴裡後,幼魚會有變重的反應＊

(C)幼魚回到巢裡,氣囊會自動收縮,直沉到底

(D)嬰兒期的太陽魚,氣囊的氣還沒裝滿,所以身體像小石子一樣

Ⅲ、那一個動作可以看出魚爸爸正在動腦筋,做決定? 【關係】

(A)先把嘴裡所有的東西都吐出來

(B)不慌不忙的吃掉蚯蚓,並監視幼魚

(C)安排進胃或進巢的先後次序

(D)將一切的行動都暫時停頓下來＊

七、實用性短文

甲、基測試題

題型一

1. 以下短文節錄自某產品說明書，請仔細閱讀並回答下列問題：

手機充電座一般可分為A、B、C、D等四種類型，並有單雙槽之分。所謂A型是指充電座具有液晶顯示面板，可清楚顯示手機及電池的充電狀況；B型則是以燈號顯示充電狀況；C型雖無法顯示充電狀況，卻有快速充電、便於攜帶的優點。這三者都必須搭配專屬的變壓供應電源，不可隨意更換變壓器。國內電壓規格，並選用合適的變壓器，才能有效供應電力。此外，D型可自動調節電壓，沒有更換變壓器的問題，也是另一項選擇。－選自使用說明書

Ⅰ、下列何者最適合作為這段文字的標題？（911）【關係】

(A)充電用電的注意事項

(B)電壓的規格與變壓器

(C)手機充電座優劣評定

(D)手機充電的相關資訊＊

Ⅱ、由上文可判斷，出國旅遊而又不知當地壓規格時，最好使用哪一種充電座？（911）【關係】

(A)A型

(B)B型

(C)C型

(D)D型＊

題型二

1. 豆腐要去救被肉丸妖怪抓走的蕃茄，南瓜巫婆給豆腐一個錦
   囊，錦囊內有三項提示：

   ⑴殘缺的對偶句一則：「渭北春天樹，□□日暮雲」？

   ⑵搭乘103A車次的噴射車

   ⑶英文代碼對照表

   取消訂票作業：（請根據英文代碼對照表，將英文字母轉為數
   字碼）

   1請輸入身分證字號

   2正確請按1，錯誤請按0（重回步驟1）

   3請輸入車次代碼

   4確定取消訂票請按1，不取消訂票請按0

   5系統告知取消訂票是否成功

   6結束

英文	A	B	C	D	E	F	G	H	I	J	K	L	M
代碼	01	02	03	04	05	06	07	08	09	10	11	12	13
英文	N	O	P	Q	R	S	T	U	V	W	X	Y	Z
代碼	14	15	16	17	18	19	20	21	22	23	24	25	26

Ⅰ、上文中，□□代表肉丸妖怪的藏身處。依據「對偶」的條
   件，下列何者是最可能的地點？（922）【組織】

(A)田中＊

(B)池上

(C)南澳

(D)竹北

II、當豆腐查出肉丸妖怪的藏身處。依錦囊提示訂好車票，準
備去救蕃茄，卻得知蕃茄已自行脫逃回家。豆腐打算取消
訂票，他的身分證字號為A99，下列何者最可能是豆腐依
據右列說明取消訂票的步驟？（922）【組織】

(A)0199→1→1031→1

(B)1099→1→10301→1

(C)0199→0→0199→1→1031→1

(D)1099→0→0199→1→10301→1＊

【說明】

此單元是評量學生閱讀理解實用性短文進而能判斷要素、關
係、組織的能力。

題型二　試題命題靈活且富實用性，應多注意。

乙、自己動手做

題型一

1.

（甲）試著延緩發怒。如果你遇見某一特殊狀況，直接的反應就
是發怒，試試看延緩十五秒後，才以你一貫的方式爆發。
下一次，試試延緩三十秒，不斷加長這個時間。一旦你開

始看出你能延緩發怒，你就已經學會了控制。延緩就是控制，多加練習，最後就可以完全消除。

（乙）要求一位你相信的人來幫助你。請他在看到你生氣時告訴你，無論用口頭或是約定的訊號。你得到訊號，就靜下來想想自己正在做什麼。

（丙）記住，任何一件你認為對的事，都可能遭到半數人的不贊同。先有別人會不贊同的心裡準備，你就不必選擇生氣。你會瞭然，世界就是如此，別人不可能贊同我所說、所想、所感覺、所做的每一件事。

（丁）當交通阻塞時，調整自己，用堵車的時間來構想一封信、一首歌，回憶生活最興奮的經驗。把受挫時的情勢當作一項挑戰，並嘗試改變它，你就沒有工夫生氣了。

Ⅰ、下列有關消除生氣的技巧，何者最具有建設性？【關係】

(A)甲

(B)乙

(C)丙

(D)丁＊

Ⅱ、小美父母希望她當律師，小美卻想當美髮師。當他們起衝突時，小美父母運用那一種技巧消除怒氣，較具包容性？【關係】

(A)甲

(B)乙

(C)丙＊

(D)丁

題型二

1.「如何，什麼，為何。」是問話三寶。

當然，一個僵局的回答，就像一個僵局的問題一樣，無法引發進一步的談話，你必須盡力使話球保持在空中。

要是最初你的對象顯得反應不佳，可能是因為他還害羞，也許是因為冷漠，也許是因為愚笨——或者是你還未觸及他的興趣所在。要是在你參加派對之前先從主人或女主人那兒獲取一些同座賓客的資料，那的確會有所助益；但即便如此，也不一定就能打破矜持的氣氛，促使對方說話。

也許吃飯時你得與一位長得像駱馬的高傲律師同座，你想盡辦法仍然無法使他開口，雖然如此，仍請繼續嘗試。也許你提到非法入美境的問題，他毫無反應，但也許在提到水肺潛水時，他會大感興趣，也許你還可以提到鯨魚的生活習慣。

如果一切均告失敗，你還可以採取最後一著，你隨時可以把一杯水傾翻在他腿上。要是連這樣也無法引發活潑的談話，至少你可以發洩一下。

Ⅰ、根據上文，「使話球保持在空中」是指讓話題如何？〔要素〕

(A)圓熟流暢

(B)活潑生動

(C)持續不斷＊

(D)平易可親

Ⅱ、作者建議我們預先搜集同座賓客的資料，主要目的是為了什麼？〔關係〕

(A)以免冷落對方

(B)容易掌控對方

(C)方便找到話題*

(D)建立客戶檔案

Ⅲ、「你隨時可以把一杯水傾翻在他腿上」的主要目的是什麼？【關係】

(A)發洩滿腔的怨氣

(B)引發另一個話題*

(C)結束此次的會議

(D)冷靜對方的焦慮

指明短文優劣

1. 作文，是語文學習的重點。每個學生都應該認真的做好作文。<u>但是，同學們往往查覺沒有什麼材料可寫（甲）</u>，這是什麼原因呢？

<u>先說我們班上的情況，每逢作文，我們都感到頭痛，不知道用什麼材料作文（乙）</u>。老師經常強調要注意觀察，觀察生活，觀察事物；對作文要認真想想。<u>可是，正如前面老師講的，有的卻只注意作文的分數（丙）</u>。我們班上的情況，大體反映了中學生對作文的態度。

如何寫好作文，這是每個學生所關心的。<u>上面那個同學和老師說的話（丁）</u>，反映了同學們只重視分數，忽視觀察生活，知識貧乏，無話可說，不知道用什麼材料。因而，我們應該培養

自己觀察力，對周圍的一事、一人、一物做認真細緻的觀察、分析、發表感想。

I、下列評語，何者最適合說明上文？（92二技統測）【組織】

(A)標點失當，錯字太多

(B)內容豐富，說理清晰

(C)簡潔流暢，把握重點

(D)文字冗贅，不夠簡潔＊

II、下列有關劃線處文句優劣的說明，何者正確？（92二技統測）【組織】

(A)甲句「查覺」一詞使用不當＊

(B)乙句使上下文之間承接順暢

(C)丙句舉例具有說服力

(D)丁句語序失當，應先寫老師再寫學生

III、這篇短文旨在強調什麼？（92二技統測）【關係】

(A)每逢作文，大家都感到頭痛

(B)要作文材料不虞匱乏，須認真觀察生活事物＊

(C)大多數同學只重視作文分數

(D)作文是語文學習的重點，在學校應認真學習

國家圖書館出版品預行編目資料

國中國文教學評量 ／鄭圓鈴著. --初版. --
臺北市：萬卷樓, 民 93
面； 公分
ISBN 957－739－460－4 (平裝)

國中國文教學評量

著　　　者：鄭圓鈴

發 行 人：許素真

出 版 者：萬卷樓圖書股份有限公司

臺北市羅斯福路二段 41 號 6 樓之 3

電話(02)23216565・23952992

傳真(02)23944113

劃撥帳號 15624015

出版登記證：新聞局局版臺業字第 5655 號

網　　　址：http://www.wanjuan.com.tw

E － mail：wanjuan@tpts5.seed.net.tw

承印廠商：晟齊實業有限公司

定　　價：260 元

出版日期：2004 年 1 月初版

2006 年 9 月初版二刷

ISBN 957－739－460－4